家庭教育原理

PRINCIPLES OF PARENTING EDUCATION

赵石屏 著

高等教育出版社·北京

重庆市课程与教学研究基地资助项目研究成果

图书在版编目（CIP）数据

家庭教育原理 / 赵石屏著．-- 北京：高等教育出版社，2021.7

ISBN 978-7-04-053646-1

Ⅰ．①家… Ⅱ．①赵… Ⅲ．①家庭教育 Ⅳ．① G78

中国版本图书馆 CIP 数据核字（2020）第 200841 号

JIATING JIAOYU YUANLI

策划编辑 李光跃　　责任编辑 李光跃　　封面设计 姜 磊　　责任印制 朱 琦

出版发行	高等教育出版社	网　址	http://www.hep.edu.cn
社　址	北京市西城区德外大街4号		http://www.hep.com.cn
邮政编码	100120	网上订购	http://www.hepmall.com.cn
印　刷	北京市联华印刷厂		http://www.hepmall.com
开　本	787mm×1092mm　1/16		http://www.hepmall.cn
印　张	12		
字　数	200 千字	版　次	2021 年 7 月第 1 版
购书热线	010-58581118	印　次	2021 年 7 月第 1 次印刷
咨询电话	400-810-0598	定　价	45.00 元

物 料 号　53646-00

目录

绪 论

一、家庭教育的时代之问

人类最初始的家庭教育，是与人类的生活、生产完全一体的。家庭既是生产机构，也是教育机构，两者完全合一。儿童个体社会化所需的知识、技能、行为准则，主要是由家庭来传递的。之后随着社会生活、生产方式的日益复杂化，个体需要学习掌握的知识技能也日益增多，仅靠家庭教育来达到社会化已不可能，因此出现了学校，家庭就将传递知识技能的功能转移到专门教育机构——学校，儿童社会化的内容也成为学校的主要教育内容。所以从学校出现那一刻起，家庭的教育与学校的教育之间就构成一种关系，这种关系是家庭、学校各自承担起实现儿童社会化的职责，就是家庭与学校的教育分工。

人类的学校教育出现已有几千年的时间，至今已经发展成为庞大的教育组织系统，成为人类生存方式传递的极其重要的一部分。在现代，由于学校教育系统的强大功能，在儿童谋生技能社会化的过程中起着无可替代的作用，整个社会以及几乎全部家庭对学校教育的依赖，致使有一种普遍观念认为，儿童教育应以学校教育为主，家庭教育为辅，两者相互配合。甚至，有观点认为家庭教育功能弱化，已经被学校教育功能取代，而学校似乎也没有怀疑自己能够承担儿童和青少年的培养任务，学校完全可以在德智体诸方面替代家庭的教育，所以家庭教育的任务只是“配合学校的教育”。这个观点持续的时间还比较长，直到家庭教育功能被重新认识。

家庭与学校的教育关系究竟怎样，学校教育能在多大程度上承担儿童社会化的任务？如果不能完全承担，那么家庭与学校各自的、不能相互替代的教育功能是些什么？这正是近年来家庭教育功能被重新发现、重新界定的理论热点和难点所在。

在20世纪30年代，现代学校教育在中国刚刚兴起，其势不可挡。著名学者蔡元培先生认为，家庭不可能有效承担儿童的教育，原因是家长素质参差不齐，教育没有系统化，只有学校教育才能承担起培养德才兼备的优秀人才的任务。现在看来，在“才”的培养方面的确是如此，然而现代教育进行到21世纪，发现学校教育结果并不尽如人意，许多问题学校教育解决不了。

这不得不引人思考，为什么学校教育不是人们所事先推测的那样，能够实现预期的、与知识培养同样有效的目的呢？在当代中国，由于社会转型、社会文化变迁，家庭与学校的教育功能随之嬗变，例如儿童道德社会化方面，学校德育已经处于客体化、边缘化的境地①，学校德育的低效一直困扰着教育界。这其中的缘由是很深刻的，而且这种深刻我们还没有读到它，或者说没有完全读懂它。

有学者指出，在当代，我们不能把学校教育影响作为一个孤立的系统去做，在加强完善受教育者的教育影响时，如果不从整体系统内诸种因素的相互协调统一考虑，只着眼于学校内部的影响的强化与完善，结果可能只是增加系统内部的无序状态，由于诸种构成因素之间的相互矛盾和冲突，使得学校教育不能正常发挥其功能，使之处于低效、无效状态，甚至负效状态。因此有必要探寻、考察家庭与学校各自的教育原理是相同还是不同，如果相同，家庭教育也就可以被学校教育替代。

然而事实证明，即使强大的现代学校教育系统，也无法取代家庭的教育功能，家庭教育的不可替代性越来越突出地影响儿童的身心发展。那么

---

① 鲁洁．生活·道德·道德教育．教育研究，2006（10）：3-7.

家庭与学校各自不能相互替代的教育功能是些什么呢？

由于当代中国社会的剧烈变革，中国家庭教育也随之发生着重大变化。从文化哲学的角度看，中国当代的社会转型在多大程度上改变家庭的生存方式，也就在多大程度上影响着家庭教育。韦伯（Max Weber）指出，现代工业文明的一切成果几乎都是理性化思维的产物，理性化的特点是可计算性，也就是“工具理性”[①]。理性的、可计算的价值取向与传统社会的价值取向很大部分是相悖的，虽然近现代科学主义、工具理性带给人类巨大物质财富，在满足人的“物”的欲求层面，获得巨大成功，以至于覆盖了人类最基本的精神需求。例如与他人建立联系的需求，善的、美的需求，价值物化大大削弱了生命对于精神世界的提升、完善的追求，致使生命的价值学习潜能在物欲的膨胀中湮灭，整个社会价值失范，作为生活规范的价值体系缺失、失序和混乱。这对家庭教育的改造深刻而全面。

后现代哲学思潮否定了现代理性，宣告理性与上帝同时死亡，意味着也宣告了权威的倒塌，而当代家庭教育最严重的危机就是教育权威丧失带来的危机；由于价值和权威相继被消解，西方和社会转型的中国面临着这一同样的难题，家庭教育绝不例外。社会转型在多大程度上消解传统社会、传统家庭的功能，也就在多大程度上消解家庭的教育功能。

以家庭的社会功能为例，家庭作为初级群体的成员关系，它以情感、血缘、地缘等非理性要素为基础，以相互依赖、信任、互利等非计算性要素为交往方式，是最深刻、最直接和最重要的人类关系。然而社会转型使得初级群体这一功能逐渐衰落，支撑和维系成员关系的情感支持系统逐渐弱化，情感危机、信任危机不断升级，道德底线不断溃退，家庭的基础性功能出现支撑的困难，“修齐治平”、家国同构的文化基础直接从“齐家”这里断裂。“今天我们如何齐家”，成为时代的一大难题，也就成为当今教育的时代之问。

回溯往昔千百万年，家庭从诞生至今，沧海桑田，已经穿越了无数个社会形态，但家庭的结构、功能基于生物机制得以持续地在人类的社会生存过程中发挥着极其稳定的作用。而强大的学校教育，其高度组织化、高度专业化和高度规范化，为什么不能够取代家庭那看似散漫的、非专业化

---

① 郑杭生．社会学概论新修．北京：中国人民大学出版社，2002：335.

的、非规范的教育影响呢？也就是说，家庭的教育原理是什么？它与学校的教育原理有什么本质上的不同？这是一个极具学术挑战的命题，也是一个迷人的理论问题。

二、家庭教育诸要素

1. 家庭

家庭这一概念，不同的角度有各自的解释。心理学家强调家庭是人与人之间的生理结合，奥地利心理学家弗洛伊德（Sigmund Freud）认为，家庭“是肉体生活同社会机体生活之间的联系纽带”[①]。马克思（Karl Heinrich Marx）和恩格斯（Friedrich Engels）从婚姻和血缘两方面来理解家庭，他们认为，“每日都在重新生产自己生命的人们开始生产另外一些人，即增殖。这就是夫妻之间的关系，父母和子女之间的关系，也就是家庭。”[②]

社会学家则从家庭的社会属性方面来解析家庭。他们认为在婚姻、血缘关系之外还应注意到家庭生活方面。美国社会学家伯吉斯（Ernest W. Burgess）和洛克（Harvey J. Locke）在《家庭》（1953）一书中指出：“家庭是被婚姻、血缘或收养的纽带联合起来的人的群体，各人以其作为父母、夫妻或兄弟姐妹的社会身份相互作用和交往，创造一个共同的文化。”[③] 中国社会学家孙本文则认为，“所谓家庭，是指夫妇子女等亲属所结合之团体而言。故家庭成立的条件有三：第一，亲属的结合；第二，包括两代或两代以上之亲属；第三，有比较永久的共同生活。”[④]

综上所述，笔者认为家庭是以婚姻关系、血缘关系或收养关系为基础组成的社会生活的基本单位，也是个人在社会群体生活中一种最普遍、最固定、最持久的组织形式，共同生活且具有密切的经济交往和情感交流。

---

① 考茨基．唯物主义历史观：第一分册．上海：上海人民出版社，1964：6.

② 中共中央马克思恩格斯列宁斯大林著作编译局．马克思恩格斯全集：第3卷．北京：人民出版社，2002：32.

③ 中国大百科全书：社会学．北京：中国大百科全书出版社，1991：102.

④ 孙本文．社会学原理．北京：商务印书馆，1935：441.

2. 家庭教育

教育是家庭的基本职能之一，“家庭教育”是相对于学校教育和社会教育而言的概念。《辞海》对家庭教育的解释为：“父母或其他年长者在家庭里对儿童和青少年的教育。”《中国大百科全书·教育》认为，家庭教育是指“父母或其他年长者在家庭内自觉地、有意识地对子女进行的教育”[①]。《教育大辞典》把家庭教育定义为“家庭成员之间的相互教育，通常多指父母或其他年长者对儿女辈进行的教育”[②]。

有学者指出，“按照传统的说法，家庭教育是指在家庭生活中，由家长，即由家庭里的长者（其中主要是父母）对其子女及其他年幼者实施的教育和影响。这是狭义的家庭教育。广义的家庭教育，应当是家庭成员之间相互实施的一种教育。……在家庭里，不论是父母对子女，子女对父母，长者对幼者，幼者对长者，同辈人对同辈人，一切有目的有意识施加的影响，都是家庭教育”[③]。

我国台湾学者王连生也从广义与狭义两个方面给家庭教育下定义，他认为，就广义的家庭教育而言，它是指“一个人自生到死，受到环境、成员、气氛的直接影响，在感情生活的学习上、伦理观念的养成上和道德行为的建立上，获得身心健全发展的指导效益”；就狭义的家庭教育而言，它是指“小孩在儿童期所接受到父母管教的活动或生活训练，借以滋长其日后为人处世的良好态度与人品”[④]。

从家长与子女的教育关系这一角度对家庭教育概念进行阐述的，马和民等在《教育社会学研究》中从教育社会学的角度拓展了家庭教育的功能，认为“家庭教育既指在家庭中进行的教育，又指家庭环境因素所产生的教育功能”，提出了家庭教育所具有的隐性功能。以上概念表明，家庭教育有广义和狭义之分，狭义的家庭教育专指父母对子女施加的有意识的教育，广义的家庭教育则泛指家庭成员相互之间显性和隐性的各种影响。

在美国，家庭教育被称作家庭生活教育，在 20 世纪 70 年代强调家庭

① 中国大百科全书：教育．北京：中国大百科全书出版社，1985：140.
② 教育大辞典编纂委员会．教育大辞典：第 1 卷．上海：上海教育出版社，1990：11.
③ 赵忠心．家庭教育学：教育子女的科学与艺术．北京：人民教育出版社，2001：5.
④ 王连生．亲子教育．台北：五南图书出版公司，1992：7.

教育应当增进人际关系，80年代后期把家庭生活教育当成全面提升人的生活水平与生活质量的手段。日本学者指出，家庭首先是私生活的据点，“家庭教育倘若过于理想地刻意追求，反而会招致种种的破绽。它是在现实的日常生活中自然而然地进行的。与其说它是教育，毋宁说是一种社会化更为贴切。”

我国台湾学者对家庭教育概念的界定则体现了由家庭内部向社会发展的趋势：20世纪60—70年代，家庭教育被看作家庭内部父母对子女的教育，尤其强调伦理教育；其后家庭教育范围扩展到社会，被看作人与人、人与机构之间的关系及相互影响；90年代后期，家庭教育的概念扩展到终身学习的观念，被看成是所有家庭成员适应社会的学习与成长活动。笔者认为，家庭教育是伴随人类家庭这一社会初级群体始终的一种教育形态，主要指家庭范畴内亲代对子代给予的社会生存方式的传递，包括选择社会教育机构对子代进行的生存传递。

3. 学校、学校教育

《辞海》将学校定义为：有计划、有组织进行系统教育的机构。从社会学的角度来看，学校是受社会委托、按照一定的目的和计划进行教育活动的社会组织。现代社会中，学校教育是教育的一种基本形态。学校教育是指由专业人员承担的，在专门机构（学校）中有目的、有计划、有组织地进行，以影响受教育者的身心发展为首要和直接目的，以便把受教育者培养成为适应一定社会或阶级需要的和促进社会发展的人的教育活动。本著作中的学校教育，主要指未成年人所处的学校教育阶段，即初等教育阶段和中等教育阶段的学校教育。

4. 个体社会化

个体社会化是社会学、心理学、教育学等多个学科的重要研究命题，一直受到国内外学者的普遍关注。美国社会学家奥格本（William Fielding Ogburn）从人类文化学的角度把个体社会化定义为接受人类文化的遗产，保持社会文化传递和社会延续的过程[①]。美国社会学家罗伯逊（Ian Robertson）把社会化定义为“人们获得个性并学习其所在社会的生活方式

---

① 郑杭生. 社会学概论新修. 北京：中国人民大学出版社，2002：82.

的社会相互作用过程。”[①] 西方著名的社会心理学家弗洛姆（Erich Fromm）认为，“社会化诱导社会的成员去做那些要使社会正常延续就必须做的事”，是“使社会和文化得以延续的手段”[②]。

5. 家庭德育

家庭德育是包括在家庭教育这一概念中的，因为德育是家庭非常主要的职责，也是道德发展极其重要的条件，所以单独提出来加以界定。

中国传统文化中的“道”，就其本意是指事物运动变化的规律和规则；“德”是对“道”的认识、践履而后有所得，表示人的品格和行为。而“道德”这一概念源自拉丁文的“mores”一词，意思是“习惯”或“风俗”。卢因（John Lewin）进一步论证为遵守具有社会重要性的习俗的行为，这种重要性涉及人与人之间和人与社会之间的相互关系。与此类似的是，我国现行的伦理学教科书也一般将“道德”定位为调节人与人之间关系的社会规范。

本著作“德育”概念，主要指狭义的德育。即“个体与个体，个体与群体、社会，个体与自然的行为规范教育，是教育者根据一定社会和受教育者的需要，遵循道德形成的规律，采用言谈、身教等有效手段，在受教育者的自觉积极参与的互动中，发展受教育者的道德素质的过程”。

几千年来，中国家庭是承担教育的主要社会组织群体，以儒家为代表的教育思想，将家庭的教育作为治国平天下的起点，形成了一整套严谨、恢弘的家庭教育理论与实践体系。儒家经典之一的《中庸》概括阐明了什么是教育：“天命之谓性，率性之谓道，修道之谓教。”这是中国古代教育哲学的基本思路，也指出了家庭教育的主要任务就是顺应天道，格物、致知、诚心、正意、修身、齐家、治国、平天下，培养造就担负天下大任的圣人、君子、忠义之士。这一教育思想一直延续到现代，一脉相承。

在相当长的时间里，教育理论一致认为，家庭教育的主要任务是德育，其原因一是历史文化传统的继承，二是在现代学校教育的专业性、系统性功能迅速壮大的背景下，相对于智育、体育而言，家庭教育能够承担的只能是德育了，或者说，家庭更适合承担儿童的德育。因此，不少学者

---

① 罗伯逊．社会学：上册．黄育馥，译．北京：商务印书馆，1990：138.

② 弗洛姆．精神分析个性学及在理解文化中的应用 // 萨金特．文化与个性．1949：1–10.

认为，家庭教育与德育的关系最为密切，家庭教育的主要任务是德育，是怎样做人的教育。

普遍的观念都比较认同家庭教育的主要任务是教育儿童如何“做人”。胡厚福认为，家庭教育是父母对子女进行的品德教育[①]。海存福认为家庭教育是“在家庭生活环境中，由家长对子女及其他年幼者施加影响，把一定的道德规范、思想意识、政治观念转化为受教育者品德的一种教育活动。家庭教育的核心是道德教育”[②]。

三、家庭教育目标

家庭教育的目标是儿童个体社会化，是社会对儿童的社会化要求在家庭教育目标中的体现。个体社会化具体包括社会规范社会化（道德社会化、法制社会化）、谋生技能社会化、角色社会化和价值社会化。儿童个体社会化的内容因此构成家庭教育的主要内容。

1. 个体社会化的内涵

个体社会化是社会学、心理学、教育学等多个学科的重要概念，一直受到国内外学者的普遍关注。不同的学科根据学科自身的性质和任务，从不同的角度研究人的社会化。其中社会学偏重于社会化过程中人与社会的互动，关注社会规范、价值的内化及社会角色的形成过程，奥格本从人类文化学的角度把个体社会化定义为接受人类文化的遗产，保持社会文化传递和社会延续的过程[③]。

我国社会心理学家时蓉华教授提出，个体社会化是指“在特定的社会与文化环境中，个体形成适应于该社会与文化的人格，掌握该社会所公认的行为方式的过程，是经过个体与社会环境相互作用而实现的，是一个逐步内化的过程”[④]。著名社会学家费孝通认为“社会化就是指个人学习知识、技能和规范，取得社会生活的资格，发展自己的社会性的过程。”[⑤]

---

① 胡厚福．德育学原理．北京：北京师范大学出版社，1997：145.
② 海存福．家庭德育及其功能研究．甘肃高师学报，1999（1）：83-87.
③ 郑杭生．社会学概论新修．北京：中国人民大学出版社，2002：82.
④ 时蓉华．社会心理学．上海：上海人民出版社，2002：42.
⑤《社会学概论》编写组．社会学概论．天津：天津人民出版社，1984：54.

鲁洁主编的《教育社会学》将社会化界定为："个体适应社会的要求，在与社会的交互作用过程中，通过学习与内化社会文化而胜任社会所期待承担的角色，并相应地发展自己的个性的过程。"① 马和民教授在其《教育社会学研究》中提出："个体社会化是社会化主客体在相互作用中将社会所需要的知识技能、价值观、行为规范等内化，形成一定的行为方式和个性特征，以适应和改造社会，并发展自身的过程。"②

综上所述，个体社会化是个体在社会环境影响下，认识和掌握社会事物、社会标准的过程，通过这个过程，个体得以独立地参加社会生活。一句话，社会化即是个体由一个"自然人"变成"社会人"的过程。儿童个体社会化过程，就是儿童作为一个"社会学习者"和一个"社会参与者"的人的社会性不断得到完善的过程，衡量儿童的个体社会化水平的标尺不只是看他是否是社会生存的解释者，而是看他是否是合格的社会生存实践者。笔者认为儿童个体社会化就是指儿童通过社会互动学习掌握谋生技能、遵从社会规范、内化社会价值，形成符合该社会要求的个性品质和行为的过程。

2. 个体社会化的阶段

个体社会化贯穿人的一生，是伴随整个生命全程的连续发展的过程，0～18 岁的未成年人，个体社会化可以分为六个阶段：乳儿期（0～1 岁）；婴儿期或前幼儿期（1～3 岁）；幼儿期或学龄前期（3～6、7 岁）；童年期或学龄初期（6、7～11、12 岁）；少年期或学龄中期（11、12～14、15 岁）；学龄晚期或青年初期（14、15～17、18 岁）。

家庭是社会初级群体，家庭关系是儿童最早的社会关系，家庭成员是儿童个体社会化的"意义他人"③，所以家庭教育是十分重要且独特的个体社会化机制，是影响儿童个体社会化的关键因素之一。

四、家庭教育的核心方式

家庭教育的核心方式是什么？笔者认为，家庭教育的核心方式是"示

---

① 鲁洁．教育社会学．北京：人民教育出版社，1990：574.

② 马和民，高旭平．教育社会学研究．上海：上海教育出版社，1998：382.

③ 谢维和．教育活动的社会学分析：一种教育社会学的研究．北京：教育科学出版社，2000：144.

范”与“效仿”。家庭教育凭借家庭关系的生物性、儿童早期养育的初始性和生活性自动发生教育与影响，决定了家庭教育与学校教育本质上的不同。

人类基本的衣食住行等维持生存的活动，以亲子、血缘为纽带的交往活动，其特点是直观性、重复性、经验性和习惯性，这就构成了家庭教育“示范”与“效仿”的前提条件。

对于示范的教育机制，马卡连柯说过，“父母对自己的要求，父母尊重自己的家庭，父母监督自己的每一个行动是首要的、最主要的教育方法！”[①] 他告诫父母：“你们自己的行为是最有决定意义的东西。你们在生活中时时刻刻都在教育孩子，即使你们不在家的时候，也在教育孩子。你们怎样穿着打扮，怎样和别人交谈……你们怎样快乐和忧伤，怎样对待朋友和敌人，怎样笑，怎样读报——这一切对孩子都有很大的影响……父亲和母亲本人以身作则是家庭中教育孩子的主要方法之一。如果父母给孩子提供了一个反面的榜样，那么任何特殊的努力都不能产生良好的效果。如果你在家里很粗暴，或者爱吹牛，或者常酗酒，那么你就别想教育孩子了：你已经教育了自己的孩子，教育得很糟。”[②]

生活世界先天的就是对人的最基本的教育[③]。教育者在日常生活状态下非自觉地完成示范，受教育者也是在日常生活状态下非自觉地自动效仿。家庭子代降生之始，家庭的教育就这样凭借与生活的一体性，凭借生存方式日复一日地重复，塑造其经验和行为，人类子代在家庭生活中完成了生存方式最基本的部分[④]。对此，从几个方面来考察家庭教育的核心方式为什么是示范与效仿。

第一，溯源考察“教育”

人类本质包括人与环境发生相互作用的共同的感受系统和共同拥有的意义世界，不同的个体在同样的环境刺激中可以获得同样的感性经验，共同意义世界则是不同个体的经验对群体具有功能的等价性，从而实现人类经验在不同个体之间的沟通和传递。从词源上考察，“教育”最初始的含

---

① 马卡连柯．马卡连柯全集：第四卷．耿济安，高天浪，王云和，译．北京：人民教育出版社，1957：400.

② 同① 401.

③ 靳玉乐，李森．现代教育学．成都：四川教育出版社，2005：209.

④ 同③ 12.

义是“施”与“效”，即“示范”与“效仿”。《春秋元命苞》：“天垂文象，人行其事，谓之教”；《说文解字》：“教，上所施，下所效也”；“育，养子使作善也”。然后，施，“旗貌……施者旗也”，旗帜样；效，“象也”，联系起来：“教”为引导、示范，“育”为效仿、相像。这可以作为词源的佐证。

第二，观察学习是人的基本能力

从社会心理学角度看，“示范”与“效仿”也就是观察学习。班杜拉（A. Bandura）提出观察学习能力是人的基本能力之一，几乎所有由直接经验而来的学习现象，都可以通过观察别人的行为而替代发生[①]。尤其是在生命早期，儿童的观察学习主要通过家庭亲代的具体生存行为获得。“示范”与“效仿”正是基于人类的这种本质才能实现。

第三，文化进化“meme理论”的诠释

文化进化理论从文化复制角度的诠释，支持了“示范”与“效仿”是家庭的主要教育方式。对于生存方式是怎样被复制、传递的相关理论中，文化进化的“meme理论”进行了推测。“meme”指文化传递过程中类似基因在生物进化中起作用的那种复制因子，《牛津英语词典》将meme定义为“文化的基本单位，通过非遗传的方式，特别是模仿而得到传递”。也就是说，meme是复制因子，模仿是meme的主要传递方式。只要模仿发生，就必然有某种事物被传递[②]，模仿是生存方式传递的重要机制。

第四，行为生态学考证

对社群动物经验传递的考察表明，示范与效仿在社群动物的生存传递中也是普遍的方式。在自然选择的作用下，一些动物走上了社会化（社群）生活的道路，其生存经验传递主要通过示范与效仿。例如灵长类动物，子代与亲代长时间生活在一起，幼兽借助于观察成年动物狩猎，如何与同伴相处等，可以学到很多东西。相处的时间越长，就会有越多的观察、模仿、减少试误的学习[③]。

第五，社会语言学的论证

社会语言学研究也支持了示范与效仿的功能。与“示范”“效仿”比

---

① 高申春．人性辉煌之路：班杜拉的社会学习理论．武汉：湖北教育出版社，2001：50–51.

② 郭菁．文化进化的meme理论及其难题．哲学动态，2005（1）：54–56.

③ 北京大学生命科学学院编写组．生命科学导论．北京：高等教育出版社，2000：431.

较，人类言语的传递作用是辅助性的。据考证，人类有声语言符号系统的历史只有 5 万年左右，而 200 万年前旧石器时代已经产生包括手势语在内的明确的语言符号[①]，说明人类远古时期的教育传递主要依靠非词语语言。语言学意义上的“非词语语言”主要指身体语言（体素语言）和习惯行为语言。身体语言包括手势、面部表情、姿势、体征等。身体语言有固定的词汇组合，动作程式化，身体语言为每个人终身使用。因而也可以推测，在人类有声语言出现以前，家庭生存方式的传递、家庭教育的传递主要依靠的是非词语语言。

即使在有声语言符号系统非常发达的现代，语言学研究也发现，在一条信息传递的全部过程中，只有 38% 是有声的（包括音调、变音和其他声响），有 7% 是语言，而 55% 的信号是无声的。关于人类用无声语言交际的数量，研究发现，每人每天平均只用 10 ~ 11 min 的时间讲话，平均每句话只用 2.5 s，人们在面对面交谈时 65% 的交际信号是无声的。其他相关研究发现，非词语语言符号还具有隐喻功能，可以表达人类抽象的概念[②]。

在人类历史进程中，人类有声语言符号系统的出现极大地提升了人类生存的质量，在生存方式的传递中占据重要位置，尤其是学校的教育在相当大程度上依赖有声语言进行传递，以至于使人感觉教育就是讲道理，有声语言是教育的主要方式。家庭的教育却保留着教育最本质的形态：“示范”与“效仿”，因此，它才能承担起传递生存方式的较为完整意义上的教育。

五、家庭的教育原理

家庭的教育关系、教育结构决定着家庭的教育原理和教育方式。家庭教育之所以无可替代，就在于它的教育机制基于生物性、基于生活世界。达尔文曾提醒过人们，弱小动物从不单独生活，“而人同样不能够单独生活，人的个体抗御自然的能力很差，为了在这个星球上生存和延续，人必须依靠最发达的神经系统来弥补身体其他部分的先天不足……无论是速度

① 游汝杰，邹嘉彦．社会语言学教程．上海：复旦大学出版社，2004：162.
② 赵秋野．身势语的符号、认知、心理、文化机制．外语学刊，2005（2）：30-34.

还是体力，人都不如其他动物，所以人类必须依靠群体。"[1]家庭因此成为人类生存方式的最佳选择，人类最早的教育也就在家庭中进行。

人类文化学者本尼迪克特（Ruth Benedict）说："每一个人从他诞生的那刻起，他所面临的那些风俗便塑造了他的经验和行为……等孩子长大成人，该社会的习惯就成了他的习惯，该社会的信仰就成了他的信仰，该社会的禁忌就成了他的禁忌……"[2]"文王之化，自家而国"，家庭对人的文化塑造无时无刻、无处不在，如中国伦理文化之春节、祭祀文化之清明、科举文化之文昌，都是由家庭承载而"化成天下"的。

基于教育关系和教育结构，笔者总结出家庭教育的九大原理：生物性原理、初始性原理、秩序性原理、关系性原理、生活性原理、情感性原理、利他性原理、叙事性原理，以及由家庭承载的礼俗的教育原理，这些教育原理是家庭独具的[3]。就儿童的学习、发展而言，家庭与学校的教育各自独具的原理无法相互替代，这九大原理构成家庭独具的教育功能、教育方式。这正是学校教育无法取代家庭教育功能的缘由所在。

在自然界，有机体适应环境有两种方式，一种是遗传决定的反应倾向，一种就是学习。学习是人类具有重要的生物适应意义的基本功能和习性。儿童在家庭中成长学习的意义也在于适应，本质上它是人类儿童习得人类社会生存规范的学习，是人类个体适应人类的社会环境的方式。

"原理"一般指具有普遍意义的最基本的规律、科学的原理，由实践确定其正确性，可作为其他规律的基础，也指具有普遍意义的道理。"机制"是由结构、关系决定的工作原理和工作方式。本著作是基于"生物－文化"取向的家庭教育发生原理的考察。

笔者深信这其中具有的深刻奥秘令人敬畏，生命令人敬畏，自然秩序令人敬畏，"虽不能至，心向往之。"本著作由此出发，去探索家庭、家庭教育、家庭教育原理，力求接近、更接近其本质之所在。

---

① 马斯洛．人的潜能和价值．林方，译．北京：华夏出版社，1987.

② 本尼迪克特．文化模式．王炜，等译．北京：生活·读书·新知三联书店，1988.

③ 赵石屏．试论家庭的教育机制：基于"生物－文化协进化"视角．教育研究，2007，11：72−75.

第一章
家庭教育的生物性原理

家庭教育的生物性原理，是指对儿童个体发展起作用的生物性因素在家庭教育关系、教育动力、教育方式、个体遗传特质等方面的影响和作用方式。在教育关系方面，家庭的教育关系即亲子关系，亲子关系主要是由生物的血缘关系所固定、并终身相互依赖的关系。它的内涵，远比单一的教育关系复杂得多，由此而发生的教育影响对儿童一生都有持续而深刻的作用。

从教育的起源来讲，人类的教育起源本身就是依附于生命传递这一生物属性，人类教育起源于人类生存的自身需要，在人的生存命题中，生命传递是第一位重要的。这与世界上所有生物物种的生命传递的意义是同等的。没有传递，就没有物种的生命。与人类生命传递同步，必然有人类的生存经验传递，生存经验的传递，便是人类的教育，教育的本质就是传递，是伴随人类生命传递的生存经验传递。

只要有两代人以上的关系存在，就有教育的需求存在。教育在本质上是传递，是人类共同生存延续的需要。因为人类既然只能依靠一代一代地繁衍来延续物种，而人类婴儿出生时候的无知无能状态，决定着人类必须依靠教育来向下一代传递生存方式。

教育是人类社会文化的一部分，从总体上讲，人类的社会与自然界的生物进化有着直接的联系，或者说人类社会直接就是生物进化的结果。人类所有的社会文化都有其生物学基础。在这其中，家庭教育的生物学基础尤其突出。

进化是生命的基本属性，在生物界指自然演化中物质系统由无序到有序、由低级到高级、由简单到复杂的向前演化过程；社会进化则指社会、文化的演化发展。对于生物进化与文化进化的渊源和关系，近代以来的“人类中心”思潮忽视“自然的生物性对社会具有绝对优先的地位”[①]。近半个世纪兴起的行为生态学又开始将行为设定在进化的框架下进行考察，在人类生存的生物法则与文化法则之间架起桥梁，提供一种思维方式，来诠释普遍意义上的人类行为。

20世纪80年代威尔逊（E. O. Wilson）提出“基因－文化协进化”概念（即生物－文化协进化），以解释生物进化与文化进化的相互联系，认为人类的诞生带来了生命的另一种全新的进化现象——文化进化，但这并不意味着生物进化的停止，从而形成生物进化与文化进化相互制约和相互促进的协同[②]。家庭教育是伴随人类家庭这种社会初级群体始终的一种教育形态，包含的内容涵盖几乎所有生存方式的传递。

人类生存方式的传递，在生产单位与家庭合一的社会形态中，家庭成为传递生存方式的主要社会单位。从这个意义上讲，家庭的教育存在，已有长达上百万年的历史[③]。家庭作为人类最典型的生物－社会文化群体，其生存方式的传递蕴含着丰富的生物－文化进化的信息，并由生物－文化的双重法则制约，生物进化决定着家庭生命传递过程，文化进化决定着文化、也就是生存方式传递过程，这种传递机制正是生物－文化相互制约、相互促进的协同。这正是生物－文化协进化所关注的命题。

一、人类教育起点的生物属性

人类个体发展的原始起点一定是生物的，是基因所携带的与人类个体

① 金炳华．哲学大辞典：修订本．上海：上海辞书出版社，2001：660.
② 北京大学生命科学学院编写组．生命科学导论．北京：高等教育出版社，2000：417.
③ 游汝杰，邹嘉彦．社会语言学教程．上海：复旦大学出版社，2004：162.

发展直接相关的遗传所在。对于这个原始起点究竟是怎样状态，古今中外提出的假设和论断流派林立，见解各执一端，例如“遗传决定论”认为人类个体发展是由生物遗传决定的，环境和教育的作用很次要；“环境决定论”认为人类个体不存在生物遗传起点，个体发展纯粹是由社会文化环境与教育的影响起作用。

但是在近年生物学研究、尤其是基因图谱的辉煌发现背景下，人类社会发展的生物性重新得到重视，人类社会发展的“文化－生物协进化”的观点逐渐获得更广泛的认同。家庭首先是基于生物属性的，家庭的教育机制首先就是基于生物性的，与个体发展原始状态相关的探讨包括人性之初问题、脑科学的诠释、精神分析观点、宗教观点以及行为生态学的考察等。

（一）“人性之初”命题

1. 传统哲学的人性观

人性（human nature）是人区别于动物的各种属性的总和与概括。在中国，战国时期孟子提出“生之谓性”（《孟子・告子》），认为人生来纯善，蕴有仁义礼智信等道德意识的萌芽，荀子提出“不事而自然谓之性”（《荀子・正名》），认为人性生来纯恶，具有生理上和物质上的需要并引起争斗。庄子提出“性者，生之质也”（《庄子・庚桑楚》），把人性说成人的素质。

最为著名的人性之初理论是孟子的“四端说”。孟子认为人性的起点状态是善的，“人之初，性本善”，之后才是“性相近，习相远”，人的发展必须基于个体与生俱来的天性，即以人性为基础。孟子曰：“人皆有不忍人之心。恻隐之心，仁之端也；羞恶之心，义之端也；辞让之心，礼之端也；是非之心，智之端也”（《孟子・公孙丑上》），恻隐、羞恶、辞让、是非，是仁、义、礼、智发展的基础与起点。这是儒学关于人的发展起点之“性善论”“四端说”。孟子用水作比喻：人性之善，犹水之往下，所以水无有不下，人无有不善。儒学提出“人皆可以为尧舜”，即据于“人性本善”这一人性起点。

在西方，亚里士多德提出人类在本性上是政治动物，中世纪则把人性归结为神性。文艺复兴时期的启蒙思想家提出尊重人性，认为人的崇高在于理性。狄德罗（Denis Diderot）和卢梭（Jean-Jacques Rousseau）等人将“自爱”和自由平等作为人的普遍本性。康德（Immanuel Kant）认为，人的本性是理性存在物，能按先天的理性原则，即“善良意志”去行动，不受感性的物质利益支配。黑格尔（Georg Wilhelm Friedrich Hegel）认为人的本质是神圣的理性，人是“自我意识的存在”，费尔巴哈（Ludwig Andreas Feuerbach）认为人的本质是理性、意志、爱，强调人的自然本性。而马克思认为人性是人的社会属性和自然属性的统一，其中最主要的是劳动的性能。社会属性是人性的现实性基础与决定性因素[①]。

在道德发展的起点方面，缺乏现代生物学研究成果支持的中国古代智慧，对道德的原始状态也给予了大胆的生物性推测，《诗经》的“天生烝民，有物有则，民之秉彝，好是懿德”，孔子的“性习说”，孟子的“四端”说，都认为人先天具有在心理上追求规则、追求与他人保持平衡关系的倾向性，人的大量无意识的社会行为，如模仿、从众、暗示，都是为了建立个体与他人、与群体的协调关系。人类趋向和谐的本能，是人类自始至终需要道德的主要原因之一，也是人类道德必然发生的基础，是“天命之谓性，率性之谓道，循道之谓教”的起点。西方宇宙无意识理论认为宇宙进化赋予了人类和谐本能，和谐本能即人类具有与他的环境物平衡的先天倾向，也就是人类道德发生的先天条件。

2. 现代哲学的人性观

在现代，联合国教科文组织的《学会生存》在人性与教育问题上，将世界范围内政治、经济、文化、教育的分析与人性特点的分析相联系，在充满时代气息的人性分析基础上提出了教育的目标，被誉为人类教育思想发展史上的里程碑。《学会生存》中一个重要的思想是，人类存在着“共同的人性”，教育的使命就是帮助人们找出共同的人性，追寻人性认同的民主、平等、自由、科学、理性等真善美普遍价值。全球化进程中的人性教育使命，一方面是在作为物种的类层次上进行真善美人性和人类普遍价值的教化。另一方面则是对人性力量的普遍拓展与守护，不管是“神人之约”、宗教信仰之人性理论，或是世俗性的传统文化的对人性的锲而不舍的探寻，都是一种继承与集成。

联合国教科文组织的重要文献《学会生存》预见到人类普遍人性的前

---

① 金炳华．哲学大辞典：修订本．上海：上海辞书出版社，2001：1184.

景而深刻地指出："教育的使命就是帮助人们在各个不同的民族中找出共同的人性"。事实上，马克思、恩格斯都指出过"共同人性"的事实存在，这在新时期早已获得哲学界较为普遍的认同[①]。

弗洛姆认为"判断人类历史是进步的还是倒退的，人类社会是健全的还是不健全的，是道德的还是不道德的，唯一判别标准和真正的分水岭就是看它是否促进了人的解放、人的自由和人的全面发展。"而"为了识别何为善、何为恶，就必须懂得人性。"[②]

（二）人类大脑研究的进展

人脑是自然界最复杂的系统。当个体出生时，便有大约 1 000 亿个神经元，1 万亿个神经胶质细胞，10 万亿个神经元间的连接。人脑不仅在结构上相当复杂，而且具有记忆、思维、学习、语言、情绪、社会交往等高级功能。人脑的结构与功能的关系并非一一对应，它具有多区域协同活动、动态可变的特性。经过长期的进化，人脑在结构与功能上的高度完备性确保了人类在自然界的竞争中居于显著的优势地位。

对人脑奥秘的探索源远流长。从公元前开始，我国古代哲学家孔子、孟子与古希腊哲学家亚里士多德等便依据日常观察与感性经验，对人脑的物质与心理特性进行了推测。18 世纪颅相学的出现反映了人们力图揭示人脑物质构成与其高级功能的关系的努力。19 世纪，Broca 和 Wernick 等人根据对脑损伤患者的个案研究发现了脑的特定区域与语言功能障碍的关系，于是有了对脑与行为关系的科学研究。此后，随着研究的推进，虽然人们在脑的神经活动实质、脑高级功能定位、大脑两半球功能的分化与协同、心理活动的机制与规律等重要问题上的认识不断深化，但由于研究方法与技术的局限，长期以来难以直接研究人脑物质与心理特性的关系，难以实现对人脑物质与心理特性的整合研究。

神经生物科学包括了神经生理学、神经解剖学、神经组织化学、神经细胞学、神经外科学、神经病理学、发育神经学等许多学科，着重探讨脑的结构、神经活动的生化与物理特性、脑活动的能量代谢规律、脑病变与

---

① 陈云恺．人性教育：全球化时代的教育使命：兼论《学会生存》中的一个重要思想．南通大学学报（教育科学版），2005，21（3）：23–27.

② 刘敏．技术与人性：弗洛姆技术人道化思想研究．自然辩证法通讯，2005（5）：18–23.

治疗的生物机制等问题，可以分为分子水平、细胞水平与整体水平。因此在过去相当长的时期内，对脑的科学研究主要是从神经生物科学的层面进行的。

蒙台梭利（Maria Montessori）指出，“哲学家们对人类婴儿出生后的孤弱状态很感兴趣……婴儿的实体化过程是通过一种神秘力量而实现的，我们应该把婴儿的这种神秘力量看作某种神圣的东西。”①这种神秘的、神圣的东西就是生物进化到现在形成的最为复杂的器官——人的大脑。

生物性不只是决定子代的大脑神经机制，也决定亲代的大脑神经基础。相关研究表明，近三万年人类大脑没有发生多大的变化，从这个意义上讲，基于大脑机制的人类个体的学习有着高度的复制性。从理论上推测，家庭亲代与子代基因的复制性，是儿童个体学习发生的家庭教育背景，同时也是个体学习发生的基因前提，个体遗传差异也就成为儿童个体学习的差异，至少是个体学习前提和起点的差异。

（三）现代心理学的人性观

教育总是需要确定人的发展的可能性，需要从个体生存状态、从个体深层精神结构中去确认人的发展的可能性。这种可能性是什么呢？人本主义心理学家马斯洛（Abraham H. Maslow）提出一个人性的类似本能（instinetoid）的概念。他指出，传统的观点（如达尔文、弗洛伊德）“把我们的动物性看成是与狼、老虎、猪、秃鹫或蛇的本性一样”，而“任何只在人身上有的而在动物身上没有的冲动却被认为是非本能的”，这样，人所特有的各种超出动物性的特质似乎成了某种捉摸不定、没有实证基础的东西。

马斯洛认为，其实人性本身就是具有生物学意义的，人所特有的天性也类似生物本能。如爱、尊重和安全等特性都不是某种可有可无的主观意念，而是人的生存中某种高层次的类似“对维生素 D”的需要，一旦失去了这些本能的需要，人也会生病，这不是生理机体的不健康，而是“灵魂病”，即“人性的萎缩”。马斯洛认为，它们是一种只要人活着就无法摆脱的人性，并且是完全可以从实证科学的意义上加以确证的②。

---

① 蒙台梭利．童年的秘密．单中惠，译．上海：第二军医大学出版社，2004：28.
② 朱小蔓．当代情感教育的基本特征．教育研究，1994（10）：68–71，75.

弗洛伊德是执着的生物主义者，他认为人基于生物需求的原始欲望遵循着生物生存的“快乐原则”，不断地追求欲望满足，因而它是“恶”的本原，人类社会的文明正是产生于对原始欲望的控制，所以说“文明即禁忌”。

现代心理学还对人类联系感的生物－社会性进行了考查。社会心理学、人类学等不同领域的研究已经证实，作为人类个体的我们是完全的社会个体，即使那些喜欢花大量时间独处的人也不例外。在我们的整个生命历程当中，作为与他人互动的结果，我们的大脑在不断变化，以至于个体必须被视为更大的社会系统的整合型部分。高普林克（Gopnik）、麦特索福（Meltsoff）和库尔（Kuhl）在 1999 年指出，人类是强烈的社会性物种，为了每一个人的生存，人类必须深深地相互依赖，即“联系的依赖”，这种相互依赖在家庭教育关系中更为突出。

（四）动物生存规则考察

行为专家大多认为，社会性是人类生存的最显著的特征，但是并非人类独有，有学者进行的几十年观察和捕获野生动物的实验证明，群居动物通常具有按规则游戏的观念。这种建立在合乎群体规则的行为准则基础之上的观念有助于形成它们的社会关系。

那么动物具有社会性的基础情感能力吗？例如移情。神经生理学告诉我们，在人类中，这些情感的神经基础存在于脑灰质颞叶前部的扁桃核和丘脑下部，为它们充当介质的是多巴胺、复合胺和催产素等神经传递素。很多动物，特别是哺乳动物，具有和人类相同的神经结构和脑化学物质，观察动物的活动就会发现，至少有些动物和我们有相同的情感。也有研究结果显示，动物中普遍存在移情，其存在之广超过科学家迄今已经承认的程度。一些高级智慧类动物如海豚、鲸、象，甚至还有一些啮齿动物的行为方式，都支持移情并不只存在于人类。

有研究发现，一只饥饿的猕猴如果发现自己拿食物会让另一只猕猴遭到电击，就不会去拿。与此类似，鼠在发现自己的行动会给同伴带来痛苦后也会停止行动。旧金山州立大学的马科维茨（Hall Markowitz）在 20 年前发布的一项研究结果中说，在训练狄安娜长尾猴把一块硬币塞入投币口以获取食物后，他发现一只公猴帮助没有学会这一方法的最老的母猴，有 3 次这只公猴拾起母猴掉落的硬币，投进机器，然后让母猴获取食物。类似的动物观察让研究人员相信，动物具有社会性赖以存在的情感[1]。

其实，“按规则行动”的观念也为其他很多动物所共有，因为如果没有这种观念，就不会有社交游戏，没有社交游戏，动物个体和整个群体都会处于不利地位。社会性有助于很多的动物的生存和在特定社会环境中繁衍生息。遵守游戏规则有助于动物个体融入群体，从而获取群体生活的好处，动物“按规则行动”，从而建立强大和成功的群体，让整个群体受益。这些研究对我们思考人类社会性起源的生物属性是否有重要启示呢？社会性也许不是由我们人类创造的，其起源于比我们自身的起源久远得多的某种力量[2]。

二、家庭关系的生物属性

（一）亲子关系的唯一性

父母与子女间天然的血缘关系是不可替代的。生命延续的生物属性赋予亲子关系以特殊的教育结构——自然的、血缘的结构。基于血缘关系建立起来的相依为命、骨肉情深、无可替代的特殊关系，赋予家庭这一伦理实体深刻的意义。

家庭关系的生物性保证了家庭成员相互依赖、利益一致的优势：①由于外部成员无法轻易进入，内部成员也无法轻易退出，逆选择将被限制到最低限度。②长期的亲和增进了家庭成员的相互了解，大大降低了信息的非对称性。③家庭忠诚和社会规范都限制成员的机会主义行为。骨肉情深，父母对子女关怀备至、体贴入微，深刻的爱与被爱的体验，亲密接触的情感依赖，无条件的利他，都是儿童个体发展的重要条件，是家庭教育能够进行的重要条件。这是家庭教育的一大优势，是学校教育和社会教育所不可替代的。

黑格尔提出的“伦理实体”中，家庭是基础性的一个伦理实体。“作为精神的直接实体性的家庭，以爱为其规定，而爱是精神对自身统一的感觉”，爱使“我”和他人相互在对方身上找到了自己，获得了对方对自己的承认，这是家庭伦理实体的主观方面。从客观方面说，家庭主要以财产

① 侯海涛. 兽有兽“德”. 绿叶，2002（6）：36.
② 同①.

和地产为其外在的定在，并包含对这些财产的照料，这样，“在抽象所有物中单单一个人的特殊需要这一任性环节，以及欲望的自私心，就转变为对一种共同体的关怀和增益，就是说转变为一种伦理性的东西”[①]。

（二）基于血缘的关系机制

蒙台梭利在谈到教育的生物学观点时说，教育是有限的，而生命就像那至高无上的上帝，凭借物种固有的特性，不断自我创造，不断表现自己潜在的生命能量，并最终成为胜利者，这是一个颠扑不破的真理[②]。这便是家庭成员关系区别于其他社会关系的本质所在，也是家庭教育关系超越其他社会关系的优势所在。

首先，基于信任的教育机制效应巨大。从社会成本的角度看，信任对人与人之间的关系的作用之一，是降低成本。人与人之间彼此信任，他们之间的社会行为的运行成本就会大大降低，而且获益的是双方，不只是运行目的本身的获益，在生存的精神层面也获得了诸如安全感、认同感等重要的心理满足。亲子关系基于生物性而具有相互依赖性，信任远远高于社会一般成员之间的信任，亲子之间的信赖，在动机方面，彼此都会做出积极的推测，兄弟同心，其利断金，最终是大大增加整个家庭成员获益总量。

即使现代社会成员之间的信任度大幅度降低，人们能够无条件信任的人群依旧是家庭成员：对“父母”的信任排第一，入选“无条件信任”选项，而兄弟（或姐妹）、亲戚、子女等皆列入“有条件信任”度较高的选项；动机推测方面，在亲子关系冲突中，绝大部分亲子双方能够解读并归因对方的良好动机。这种基于彼此信任的教育功效是非常稳定且效能巨大的。

---

① 马晓燕．试析黑格尔的婚姻家庭观．内蒙古师范大学学报（哲学社会科学版），2006（2）：5-8.

② 蒙台梭利．蒙台梭利早期教育法．祝东平，译．北京：中国发展出版社，2006：71.

第二章

家庭教育的初始性原理

由于对儿童个体发展的初始影响几乎全部来自家庭，相对于其他教育形态，家庭教育独具这一初始性原理，换句话说，对儿童个体发展产生影响的最初始的教育来自家庭。

为什么人类的个体在早期一定可以得到来自家庭的影响呢？这与人类的发育特点有关。较之于其他灵长类动物，人类的发育特点是初生婴儿不能自立，如果得不到照料，便不能存活，而且人类发育迟缓，性成熟晚，寿命长，婴儿期、幼儿期、少年期加在一起占个体寿命的约1/5。人出生后相当长时间内与亲代生活在一起，并且需要学习，之后才独立生存。这种发育特性使得家庭影响成为儿童个体发展的初始性条件，家庭教育几乎独揽了对儿童个体发展的初始性影响和作用。

人类个体发展表明，生命早期初始性的影响深刻并持续终身。中国传统教育理论对儿童个体发展初始阶段的重要性有大量的思考和陈述，胎教思想和早期教育思想都十分丰富。《易经》言，“蒙以养正，圣功也；养其圣于童蒙，则作圣之基立于此”。宋代朱熹除了提倡胎教，在早期教育方面也提出了相对完整的思想体系。例如儿童出生后，首先是“乳母之教，所系尤切”，乳母必须具有“宽、裕、慈、惠、温、良、恭、敬”等品质，才能对幼童“教之以事”，对于早期个体发展，朱熹指出“古人之学，固以致知为先，然其始也，必养之于小学”等。

那么作用于儿童个体发展的初始性的原理是什么？儿童成长的家庭初始培育的教育重点有哪些呢？

一、家庭教育初始性原理的相关理论

（一）人格理论关于个体早期发展

1. 弗洛伊德人格理论与无意识理论

弗洛伊德将人格结构分为三个部分，将人的意识也分为三个层次。他认为人格结构由本我、自我、超我三部分构成。本我是与生俱来的，一味追求欲望的实现。自我是本我与外界环境保持和谐的桥梁，兼顾本我的冲动与现实条件之间的平衡。超我则由良知和自我理想构成，指导自我、限制本我，命令自我服从社会规范、道德准则，追求真善美。弗洛伊德认为，在家庭教育促进儿童社会化的过程中，超我是在儿童早期形成的，幼儿与父母生活在一起，父母就是他们的社会化榜样，是儿童内化规范、价值、标准的主要参照群体[①]。儿童最初不懂社会规范，在与父母的交往中，由于害怕受到惩罚或失去父母的宠爱，就对父母的行为、态度产生一种认同的心理倾向，因此，儿童和父母之间早期的相互影响，对于决定儿童将来成为什么样的人起着深刻而持久的作用。

弗洛伊德认为，人的生命可以分为有意识和无意识两部分，意识掌握生命和行为的很有限的一部分，即使通过充分意识而达到的行为，其最初的根源一般都在于无意识。无意识的作用机制虽然尚不明确，但不少学者，例如弗洛伊德坚信，人类的很多活动往往是依靠无意识的，人类的初始性学习和经验，更加借助无意识机制形成持续的精神动力源。

无意识机制是儿童早期学习和发展的重要机制之一，也是早期经验之所以对儿童影响巨大的主要机制所在。无意识“是一种不能为意识所知的特殊心理活动”[②]，这种心理活动虽然不被人所知，却能导致人的行为，无意识心理活动的作用之巨大是出人意料的，不但包括人的低级心

① 刘金花．儿童发展心理学．修订版．上海：华东师范大学出版社，2006：191.
② 弗洛伊德．弗洛伊德心理哲学．杨韶刚，译．北京：九州出版社，2003：270.

理形式，也包括人的高级心理形式——人的情感、欲望，以及思想品德与道德品质都可以是无意识的。人的心理过程没有一个不是属于无意识系统的，甚至从某种程度上讲，无意识比意识更为重要，无意识非但是人的心理过程的主要部分，而且在人的一生中占有重要的支配地位，是人的心理的本质。

弗洛伊德的无意识理论揭示了人的意识并不能完全控制和支配无意识，人也就无法成为自己的中心，弗洛伊德动摇了人类自我中心的观念，也从实际上动摇了人类的理性中心。

2. 荣格集体无意识理论

"集体无意识"是荣格用语。荣格（Carl Gustav Jung）指出，人类心理结构携带着物种生存在各个阶段遗留的信息，刻印着人类祖先、动物祖先、甚至有机界漫长发展过程的痕迹，包括生存欲求，对环境作出反应的方式等，所以人类无意识中的许多东西，并不仅是后天经验的沉积，这部分无意识称之为"集体无意识"。

还有学者进一步推证存在着"宇宙无意识"，认为人类生命最原始的冲动源于更深层次的宇宙演化进程形成的这种宇宙无意识，即在有机界之前的无机界那更加漫长的、永无止境的宇宙过程，在人类心理结构中也必然留有印记。宇宙无意识是人类源于自然的特性，是人性的根基，它埋藏在人性的最深层，成为生命的最原始冲动。这是更富有魅力的宇宙想象。

（二）内隐学习机制

1967年，美国心理学家罗伯（A. S. Reber）最先提出"内隐学习"一词，将其定义为一种有别于外显学习的、无意识地获得刺激环境中的复杂知识的过程，指出内隐学习就是无意识获得刺激环境中的复杂知识的过程，在这一过程中，个体并没有意识到或者陈述出控制他们行为的规则是什么，但却学会了这种规则。自此之后，以罗伯为首的早期研究者们都试图从各个角度将内隐学习和外显学习进行区分，所以多年来内隐学习和外显学习一直被定义为两种泾渭分明的学习模式。内隐学习的多方面研究，证明确实存在这种自动的、无须意识努力的学习——内隐学习，在复杂规则的学习中，它甚至优于意识的作用，而且正是内隐学习的这种无意识特点，揭示了它不同于外显学习的独特本质[①]。

内隐学习特征可以总结为以下三点：①内隐学习是自动的，不需意志努力的。复杂系统范式的研究表明：人们的操作能力超出了他们所能意识到的范围。另外，在某些实验任务情景下，无意识的学习机制比已发现的有意识思维更能检测微妙的和复杂的关系。②内隐学习是稳定的。内隐学习从学习过程到学习结果都是稳定的，不易受其他内、外因素的影响。而外显学习会受到年龄、智力、情绪、个性、动机、氛围……种种变量的影响。③内隐学习是深层的，外显学习是表层的。内隐学习与外显学习在最终获得的知识方面存在差异。所谓深层，是指内隐学习获得的是刺激内部的潜在的深层结构；而所谓表层，说明外显学习获得的是特定的刺激或是刺激间某些表浅的规则。

人类的生活密切相关的经验，往往是通过无意识机制而获得的。例如母语学习，婴幼儿在短短几年内就能够掌握合乎语法，并能准确地表达的语言基本规则，而并不需要专门学习这些语法规则，也意识不到自己是如何掌握的。这就是内隐学习。儿童早期的学习和发展的基础之一是通过内隐学习而获得的。

（三）早期经验的影响机制

早期经验一般指儿童 0 ~ 3 岁时期的经验，在西方教育理论界，早期经验在儿童心理发展和成长中的重要作用，一直是为西方儿童心理学家们所关注的一个问题。如蒙台梭利提出 0 ~ 3 岁是儿童心理的胚胎期，需要一个特殊的环境来保护儿童物质上和精神上的需要；儿童在生命的头几年通过与周围成人的密切接触和情感的联系，依靠一种具有吸收力的心理，积极从周围环境中获得各种印象和文化模式并使之成为其心理的一部分。巴甫洛夫（Ivan Petrovich Pavlov）在关于反射的研究中则指出，即使是新生儿的大脑皮层也有形成条件反射的能力，儿童的各种反射形成很快，并且有永恒性的特征，这种巩固下来的反射可以保留很多年。

早期经验为什么能够持续影响人类个体的一生，除了无意识机制、内隐学习机制，还有如下因素可以作为依据。

---

① 郭秀艳．内隐学习和外显学习关系评述．心理科学进展，2004（2）：185–192.

1. 早期学习改变大脑组织

现代脑科学研究成果表明，人出生后头 2～3 年脑发育速度最快，出生时脑重量是成人脑重的 25%，到第二年末脑重约为出生时的 3 倍，约占成人脑重的 75%；3 岁时儿童脑重已接近成人脑重范围，以后发育速度变慢。此外，大脑皮层单位体积内的突触数目在出生后迅速增多，2 岁时突触密度达到顶峰，为成人的 2 倍，突触的高密度持续到 10 岁左右开始修剪，只保留那些由经验改造过的突触。与突触密度的变化相对应，神经间连接的回路也迅速发育，神经突触及回路的发育和成熟遵循用进废退的原则，特别容易为环境和经验所影响，因此，环境刺激与经验对脑功能和结构均有重要意义。

研究表明，学习改变大脑的生理结构，结构的变化改变大脑的组织功能，越是早期，这种改变越是明显，学习使神经细胞的活动更有效，学习可以使脑产生新的组织模式。所以经验对脑的发育具有重要作用，如果在儿童发育的适当时期提供适当学习刺激，脑皮层就能得到最佳发育。大脑自身携带的能力，如果得不到适当的经验（学习）的支持，就会逐渐丧失[①]。

在联系感方面，美国神经心理学家的研究发现，胎儿在发育到 3 个月的时候就已经开始和人产生联系。这证明人作为高级生物，由于其脑部的特殊构造，与生俱来就有一种要和他人发生联系的需求[②]。

家庭影响的重要性就在于无论何种环境，已经构成对儿童早期的个体发展支持条件，以支持大脑所携带的初始能力，激活与个体发展相应的大脑领域。就如有学者指出的，儿童的突触形成是一个极为复杂的过程，有的突触需要强壮起来，而有些突触随时间的流逝而消逝[③]。也就是说，家庭教育支持条件的质量，可以决定与个体发展相关的哪些突触强壮起来，哪些突触自行消逝，人类个体早期个体发展的发生对脑机制是增强还是消退，是由最初几年所置身其中的家庭教育的条件决定的，家庭对于儿童个体发展的脑培养的作用和影响，是奠基性的。

2. 早期经验对儿童个体发展的影响

在早期经验理念和研究成果的支持下，早期经验就成为教育的重要关

---

① 皮连生．教育心理学．上海：上海教育出版社，2004：37.

② 朱小蔓．情感教育论纲．北京：人民出版社，2007：36.

③ 同② 38.

注，更成为家庭教育的重要关注。因为儿童出生后的第一个环境即是家庭，在人格发展、个体发展、智力发展领域，早期经验就成为家庭教育必须关注的重点。

美国心理学家托马斯·哈里森（Thomas Harrison）等人根据大脑生理学和心理学研究的最新成果指出，在童年时期记录在人脑中的“父母意识”，即由父母或相当于父母的人身体力行、言传身教所提供的“外部经验”，将永久不衰地记录在每个人的“人格”磁带上，“它在人生的过程中将会自动播放，这种播放具有贯穿人生始末的强大影响”。卢梭认为，第一个正义感不是产生于我们怎样对别人，而是产生于别人怎样对我们，因此，要对儿童给予爱护和关心，让他们从诞生之日起就能感受到爱，在他们还完全不懂规则观念的时候就培养对人的信任感和亲切感，这样他们才会在以后逐渐懂得爱他人。

弗洛伊德关于儿童早期经验的研究对家庭教育是有重大意义的。弗洛伊德认为，人性最根本的东西是本能，而儿童时期本能是否得到满足的经验，在其人格形成中具有重要的意义。因此，弗洛伊德强调，在婴幼儿期，父母不能压抑和阻止儿童的本能需要，而应该使其得到合理的满足，这样才会促成人格顺利发展，过分的放任或挫折则会使儿童产生人格的“固结”或“倒退”，成人或积极或消极的人格特点都可以由这个阶段得到的教养方式甚至偶然事件而引起。

根据儿童在发展过程中身体的哪些器官为儿童提供这一满足，弗洛伊德将儿童心理发展划分为口唇期、肛门期、性器期、潜伏期和生殖早期。如果某个阶段中受到过多的满足或挫折，就会形成成人的某种人格特征。弗洛伊德认为，成年期人格的特点根源于生命的头五年，即口唇期、肛门期和性器期对人格基本结构的发展起决定作用，个体童年早期的经验对人格发展至关重要。

弗洛伊德指出，儿童早期经验和学习奠定的对周围、对他人的基本态度、基本情感及价值应答，将持续地、深刻地影响人的整个生命过程中对他人的基本态度、基本情感及价值应答。亲子关系是儿童与他人建立的最初关系，是儿童与他人建立社会关系的雏形，亲子相互作用的性质决定儿童个体发展的质量[①]。家庭教育独具的初始性价值即在于此。

---

① 金炳华．哲学大辞典：修订本．上海：上海辞书出版社，2001：1246.

此外，美国心理学家爱利克·埃里克森（Erik Erikson）的人格发展理论指出，人的生命从出生到死亡由八个阶段组成，八个阶段遵循渐成原理，逐步发展，从而形成个人的品质和人格。其中，第一阶段为婴儿期（0—2岁），特征是信任感对怀疑感，信任感发展的核心是相依性，是一种社会性的情绪和态度；第二阶段是2—4岁，特征是自主性对羞怯感或疑虑感，这一时期的儿童渴望探索新的世界……在八个阶段中，每一个阶段都充满着危机，解决有积极办法（指与社会目标相一致）和消极办法（指与社会目标相悖）两种。积极办法有助于社会自我的加强，形成较好的顺应能力，消极办法则削弱社会自我，阻碍顺应能力的发展。可见，儿童早期经验和学习奠定的对周围、对他人的基本态度、基本情感及价值应答，将持续地、深刻地影响人的整个生命过程中对他人的基本态度、基本情感及价值应答。早期经验对儿童一生具有重要影响这一观点已为各国教育家所普遍认同，早期教育因此成为21世纪儿童教育的大趋势。

二、儿童发展成长的初始培育

（一）蒙以养正

蒙以养正是基础性人格的培育，它奠定个体发展的基本态度，基本行为方式，基本感受。蒙以养正也就是基于教育的初始性机制。“蒙以养正”语出《易经·蒙卦·彖辞》：“蒙以养正，圣功也。”“蒙”，启蒙、教育；“养”，《说文解字》：“进善也”；“正”，《说文解字》：“是也”，纯正的德性，高尚的人格。“正”在《易经》中有正位、止于险，行中道、止于至善之意。《礼记·经解》：“故礼之教化也微，其止邪也于未形。使人日徙善远罪而不自知也，是以先王隆之也。《易》曰：‘君子慎始。差若毫厘，缪以千里。’此之谓也。”

《易经·序卦传》“物生必蒙，故受之以蒙。蒙者，蒙也，物之稚也。物稚不可不养也。”这里的“蒙”一是蒙昧、幼稚之意；一是启蒙、教育之意，引申为儿童蒙昧幼稚，心智未开，需要启迪、培养，因此“蒙以养正，圣功也”，是极其神圣的事情。那么什么是圣呢？“扬善赋简曰圣；敬宾厚礼曰圣；虚己从谏曰圣；敬祀亨礼曰圣；行道化民曰圣；穷理尽性曰圣；穷神知化曰圣；通达先知曰圣；大而化之曰圣；博施济众曰圣；极深研几曰圣；能听善谋曰圣；裁成天地曰圣；睿智天纵曰圣；百姓与能曰圣；备物成器曰圣；备道全美曰圣；神化难名曰圣。”

对于早期教育的重要机制，《中庸》指出“莫见乎隐，莫显乎微。”朱熹解读它的意思就是“遏人欲于将萌，而不使滋长于隐微之中，以致离道之远也。”对于人的原始欲望的力量，儒学主张在其未萌动之时就予以遏制，避免滋长，失之千里。

家庭教育的初始性原理还体现其作用于早期行为学习的影响作用。由于行为学习的基本部分发生在人生的早期，发生在理解之前，行为是以无意识方式发生，无意识方式储存的，一旦形成就极其稳固。在中国古代，儒家思想强调人的早期学习主要通过熏染、潜移默化、习以性成，而至内化。家庭教育重视“习以性成”，重视不同教育阶段的学习任务，朱熹尤其强调儿童道德学习的初始要“教以事”，从小事、琐事做起，由小见大，首先学习“洒扫、应对、进退之节，爱亲、敬长、隆师、亲友之道，礼、乐、射、御、书、数之文”，然后再“教之以穷理、正心、修己、治人之道”。

朱熹亲自为儿童编著了《童蒙须知》，将蒙学分为“衣服冠履”“语言步趋”“洒扫涓洁”“读书写文字”“杂细事宜”等五个部分，对儿童的衣着、言行、读书习字、清洁卫生、接人待物等行为规范，作了具体而详细的规定。孟子言性，孔子言习，性者天道，习者人道。行为训练旨在养成，养成的教育原理是行为的模仿与重复，这些家庭教育的初始性原理，是学校教育无法取代的。

（二）优化家庭教育心理环境

影响儿童早期发展的教育因素，大多数是非言语的、体验性的，儿童接收到的信息、体验到的感觉知觉情绪，也主要来自家庭心理环境，来自亲子关系的质量。这个阶段教育因素对儿童起作用，主要是通过无意识这一工作原理。因此，优化家庭环境，尤其是心理环境，就是优化儿童的早期教育。

为什么要注重优化家庭的心理环境？与意识相比较，无意识有几个特点：第一，无目的性。无意识不存在有意识地去发生影响的目的，对外界的认识是感性的，非系统性的。第二，无序性。无意识是脱离第二信号系统的非逻辑的心理现象，因此人的意识和思维无法通过条理性和逻辑性去把握它。第三，无意识的容量巨大。第四，情境性和主观性。

无意识活动是以情境为条件的，其活动往往依赖于某种情境和刺激物的特征，而且无意识活动往往与人的主观状态相关联。第五，潜在性和能动性。能够直接支配人们的意识活动，然而它的作用是潜在的，这是无意识的最主要特点。

精神的意识部分好比露在海洋面的冰山的小小山顶，而无意识部分正如海洋面底下看不见的巨大冰块，人的心理结构系统中绝大部分是无意识，而意识则是很小一部分；潜意识中蕴藏着极大的生命能量，无时无刻不在深层涌动，它不为人所察觉，但无时无刻不在影响着人的全部生命活动。无意识机制是影响人类个体发展的初始性机制的基础，也包括集体无意识，宇宙无意识。

弗洛伊德强调组成意识的材料有两个方面，一是由感觉系统而来，其具体材料来源于外部世界；二是由精神世界内部而来，直接来源于无意识，而无意识进入意识，其数量的多少是由意识的检查作用而定的。正是从这个意义上说，每一种意识都有一个潜意识的原始阶段，无意识乃是真正的精神实质。

第三章

家庭教育的秩序性原理

秩序，是自然界和人类公共领域中有规则存在的特定、均衡的状态，所以秩序也可以与规律性等同。关于秩序，《广雅》的诠释是“秩，次也。”《辞海》：“秩，常度，十年为一秩”。《毛传》：“秩，常也。”“序，次第。”《说文解字》讲，家庭的中堂两旁的厢房叫序。《易经 · 艮》：“言有序”，引申为按次第区分、排列。《周礼 · 春官》：“以岁时序其祭祀”，郑玄：“序，第次其先后大小。”概括说，“秩”侧重于有条理、不混乱，“序”侧重于有先后、不颠倒。

秩序是通过时空形式所表现出的事物或要素间和谐统一的运动状态，具体表现形态有均衡、比例、对称、节奏、韵律等。由此而产生的人类的秩序感是人的生命对秩序的感受和追求，它是人类文化心理结构的积淀，是人类“自然 – 生物”和“历史 – 文化”演变的结果。人的进化是从单细胞向多细胞不断分化、整合，从无序逐渐到有序的发展过程，无论从肢体结构还是生命运动来看，人都是秩序的生命体[①]。

① 易晓明，朱小蔓 . 初论秩序感的教育价值及其教育建构 . 教育研究，1998（7）：10–14.

一、秩序何以可能

人类为什么会有秩序？为什么能建立起高度自我约束的秩序？也就是“秩序何以可能”？对秩序的需要出自人类的思考和生存的需要，自然秩序是整个世界秩序的基础，也是秩序的示范，孔子说：“天何言哉？四时行焉，百物生焉，天何言哉！”宇宙的秩序，万物并行而不相悖，周而复始，时代更替，呈现出稳定的秩序性，显示着令人敬畏的神秘力量，直接成为社会秩序构建的依据。中国儒家有关社会秩序的理论便是一证，“天道即人道”成为中国社会文化理论的基石。

人类秩序与自然法则之间有什么联系呢？生命本身即秩序。中国传统文化的“天生烝民，有物有则”，西方文化的人类集体无意识、宇宙无意识，都认为上天赋予人类以和谐本能，和谐本能使得人类具有与环境平衡的先天倾向，这种寻求平衡的先天倾向也就是“秩序何以可能”的人性基础。

（一）天生烝民，有物有则

中国传统文化对秩序有着深刻的理解。《大学》里说：“物有本末，事有始终，知所先后，则近道矣”；事物的本末、始终、先后，便是秩序，凡事建立起秩序，便已经接近于“道”，道，就是社会良性运行的秩序。《诗经·商颂·玄鸟》：“邦畿千里，维民所止”；止，居也，言物各有所当止处。《大学》：“为人君，止于仁；为人臣，止于敬；为人子，止于孝；为人父，止于慈；与国人交，止于信。《诗》云：‘缗蛮黄鸟，止于丘隅。’子曰：‘于止，知其所止，可以人而不如鸟乎？’”意思是，黄鸟都知道自己应该居于丘隅，知道自己所在的位置，难道人还不如鸟儿吗？鸟儿尚且如此，何况乎人呢！人更应各居其位，才算是合乎天道。

我们的祖先认为，人类具有天生的秩序性本能，追求秩序的潜质与生俱来。《诗经》曰“天生烝民，有物有则。”烝，众；则，法；意思是说天生众民，有其物就必有其则，万物皆有其法则。孔子的“性习”论，孟子的“四端”说，都表明人先天具有在心理上与他人保持平衡关系的倾向。人的大量无意识的社会行为，如模仿、从众、暗示，都是为了建立个体与他人、与群体的平衡、协调关系。人类趋向和谐的本能，是人类秩序必然发生的基础。

（二）人类社会生存必须克服无序

人就其本质而言是一种关系性的存在，个人与自然之间、个人与社会文化之间、个人与群体之间、个人与个人之间的共生联系，通过秩序机制建立起联系，构成稳定的社会秩序，因此秩序在本质上是一种有序的关联。

西方文化哲学思想关于秩序的代表性观点，有霍布斯（Thomas Hobbes）提出的“社会秩序何以可能”，文化进化理论指出的：人类在漫长的进化过程中积淀了人类个体与他人本源上的联系，并成为一种需要，构成秩序得以可能的前提。

弗洛伊德认为，“秩序是从自然界模仿而来的。人类通过对浩瀚的天体规模的观察不仅发现了把秩序引入生活的模式，而且也找到了这种做法的出发点。”他指出人类内在的进攻性和自我毁灭性本能会导致生活的混乱和无序，人能否克服这种无序是事关人类命运的重大问题。从统计学的角度看，秩序是自然界和人的公共领域中有规则存在的特定状态，是其即时发生的均衡状态。哈耶克（Friedrich August Hayek）指出：“一旦社会达到了均衡，那么只要外在事实与全体社会成员的共同预期相一致，这种均衡就将持续下去……原则上讲，均衡分析可以应用于逐步进化的社会。”[①]协同学的理念则是，自然变化过程总是朝着有增无已的无序方向进行。自然界力图实现熵值为最大的状态，大量不同的可能性是无序的量度，而有序状态只有一种[②]。社会因秩序而成，秩序是社会的基础。

蒙台梭利指出，大自然赋予儿童对秩序天然的敏感性，这种秩序感是一种内在的感觉，它能区分物体之间的关系，使外界环境成为一个整体，整体的各个部分相互依赖。正是在童年时期，人类学会了建立和维持秩序，这就如同大自然给予人类一个指南针，让他们去适应环境和世界。秩序会产生一种自然的快乐，如果破坏了秩序，就破坏了因秩序而生的快乐，人就会感到不舒服甚至痛苦，这是因为有一种规律介入并牢牢控制着人类的内在感觉。儿童对秩序的需要犹如动物需要陆地，鱼儿需要水一样。儿童在这个敏感期如果感知到的是混乱，就可能成为他日

---

① 丁大同．论道德秩序．理论与现代化，2003（6）：44–48.

② 哈肯．协同学：大自然构成的奥秘．凌复华，译．上海：上海译文出版社，2005：14.

后发展的障碍[①]。

儿童绘画、空间知觉等相关研究资料表明，儿童大约在七八岁时，就能够意识到与他人之间的双边关系，而且这样的关系不是杂乱无规则的，是存在着明确的秩序的。在群体中，儿童初次感受到群体间和谐、有序关系所带来的积极情绪，意识到人与人之间的信任和尊重，并且也表现出团结、合作的态度，遵守群体的一些规则，尽力去维持这样的秩序关系，维持群体的整体性，这就促进了儿童社会性水平的发展。儿童的一些社会性观念往往是在儿童之间形成了一定秩序关系时才产生的，如平等的公正感，共处的对等感等，随着人际秩序感的扩展和丰富，儿童对规范行为、维持社会秩序的需求也就越自觉、越强烈，社会性就得到不断提升[②]。

人类具有秩序感的先天基础，获得秩序感的愉悦之情，使得人总是具有维持秩序形态的心理趋向，这种秩序包括人与人之间的秩序、生活方式的秩序、行为习惯的秩序，最终扩展至社会秩序、道德秩序以及相应的价值秩序、态度秩序、情感秩序。

（三）价值秩序与情感秩序

1. 整体论与原子论

与社会秩序相关的“价值秩序”，是指渗透在全部社会生活的全方位的价值体系和价值结构。价值居于社会文化结构的高层，在器皿文化与组织文化之上，反映着社会文化深层的属性。社会文化的变迁，首先反映在器皿层次，其次发生在组织层次，如果在价值的层次发生了秩序的改变，那么社会文化在实质上也就发生了改变。例如在传统社会处于优先地位的价值，在现代社会下降到从属的地位，反之次要、边缘地位的价值，提升成为优先价值。

这种秩序变化体现在人的生存的三个基本维度上：在人与自然关系上，体现为“人本主义”对“自然主义”倒置；在人与人的关系上，体现为“个体主义”对“整体主义”的倒置；在人与超验意义的关系上，它体现为“世俗价值”对“神圣价值”的倒置。因此价值秩序集中体现着人

---

① 蒙台梭利．童年的秘密．金晶，译．北京：中国发展出版社，2006：42.

② 易晓明，朱小蔓．初论秩序感的教育价值及其教育建构．教育研究，1998（7）：10–14.

类生存秩序，价值的转换直接影响社会生存的根基[①]。正如马克斯·舍勒（Max Scheler）所说："不论我探究个人、历史、家庭、民族、国家或任何一个社会历史群体的内在本质，唯有当我把握其具体的价值系统，我才算深入地了解它。"[②]因此，价值考察对家庭教育有着重要意义。

整体论与原子论是比较有代表性的价值秩序论点之一。"整体主义"是把共同体的价值置于绝对优先的地位、并把个体视为共同体附属物的一种价值立场，共同体被视为第一实体，其价值居于价值等级的最高层次，"个人是如此渺小，个人的利益轻易地成为敬献在公共利益和社会自身这一祭坛之前的牺牲品"。与此相对，"现代社会不再把共同体看成首要的东西，'个人'只是社会的产品，仅仅拥有有限的自主性，而是把社会理解为为达到某种目的而自愿地结合到一个独立的个人的聚合体"，而整体主义成了专制、压迫与强权的代名词，个体主义获得了对于整体主义的彻底胜利。

2. 现代神圣价值颠倒的困境

在现代社会，价值秩序的颠倒蕴含着现代社会的深刻悖论，因为现代价值秩序所要颠倒的是传统价值秩序，而传统价值秩序与传统社会的生存状态不可分割。这种生存状态，是以"人的依赖性"为其本质特征的，即人对社会共同体和对自然的依附，在精神生活上对某种"神圣价值"的依赖。传统价值秩序的重要功能就是为"人的依赖"这种生存状态提供合法性保证，抑制与生存秩序不一致的异质力量。这些被视为异质的力量包括个人主体意识的自觉、主体能力的发展和主体地位的提升，现代价值的颠倒恰恰是反抑制的。

现代的价值颠倒推动个人从自然、共同体和神圣实体的依赖中挣脱出来，为个人的发育壮大提供了巨大的空间；在"形式"方面，价值的"领域分化"意味着那种总揽一切、无所不在的强制性价值失去了对社会生活诸领域的控制力，有力地推动了社会生活的各领域摆脱其束缚，走上了独立的自主发展道路，价值的"公私分化"使个人从"集体意识"的绝对统治中摆脱出来，获得了一个自主、自律和自由的精神空间。

---

① 贺来．价值秩序的颠倒与现代社会的命运．吉林大学社会科学学报，2003（6）：5-11.

② 舍勒．爱的秩序．林克，等译．北京：生活·读书·新知三联书店，1995：35.

然而，与解放意义相伴随的是，价值秩序的颠倒又蕴含着深刻的困境，在“内容”方面，它导致了“大地的毁灭”“诸神的逃遁”和“占有性个体主义”的泛滥，在“形式”方面，它使对维系社会共同体极为重要的“价值共识”陷入了空前困境。占有性个体主义则把生活的全部意义诉诸物质功利的占有，“贪婪”被视为推动现代社会发展最根本的动力，很显然，在此，世俗功利价值统治了整个世界，一切超越的“神圣价值”都消失了[①]。现代价值秩序的困境使得现代教育不得不面临空前的困境，学校教育、家庭教育无不如此。

3. 情感的秩序功能

社会学家孔德（Auguste Comte）立足于人性统一性来重建社会的秩序。他认为，人性具有三重性质：情感、行为和才智。其中起决定作用的是人的情感，正是人的情感决定了人的理智及活动的目标。“按照一个著名的说法就是，由情感而行动，为行动而思考”，在孔德看来，“情感是人类的灵魂、行为的动力。推动力总是来自情感，才智永远只是一个指挥手段或控制手段”。社会秩序是由人的活动造成的，而人的活动是受人性支配的，情感是“大脑统一性的真正中心”，大脑各种因素由于情感起主导作用而成为平衡人性各要素的主导。

孔德认为，社会秩序的统一性或隐或显地存在于社会机体中，特别是在家庭中。家庭与社会是紧密相连的，社会的基本单位不是个人而是家庭，因为社会不能分解为个人，犹如平面之不能分解为线，线不能分解为点。另外，家庭生活是社会生活的源泉，家庭生活本身被社会生活所渗透，所改变。因此，可以把家庭视为用来理解最复杂事例即社会的最简单事例。家庭生活与社会生活又是有区别的，家庭的统一性和公众的统一性是集体生活的两种方式，两者在情感和信仰的程度上有不同，从根本上说，“家庭的统一性要求的情感多些，而政治的统一性要求信仰较多”[②]。

孔德的家庭实证学说赞赏家庭情感的和谐，因为在家庭中，以利己心

① 贺来．价值秩序的颠倒与现代社会的命运．吉林大学社会科学学报，2003（6）：5-11.

② 郭景萍．孔德：社会秩序视野中的情感研究．湖南师范大学社会科学学报，2007（1）：75-78.

为特征的个人情感与以利他心为特征的社会情感得到了很好的协调。孔德期望社会秩序应该以家庭秩序为典范，家庭秩序象征着美好传统，社会秩序却陷入了现代危机。解决现代社会危机，实现如同家庭秩序那样情感和谐的社会秩序是孔德的浪漫幻想。

情感构成人性的重要部分，是人行为的直接动力。孔德把情感上升到社会力量的高度，把情感区分为利己主义的禀性和利他主义的精神，在其“关于灵魂的系统图表”中，提出了人性结构由“十大情感动力”“五大睿智功能”和“三大实践优质”三部分构成，其中“十大情感动力”的结构如下图所示：

- 利己主义
  - 私利
    - 保存本能
      - 饮食本能（1）
      - 性本能（2）
      - 物质本能（3）
    - 完善本能
      - 毁灭性的　军事本能（4）
      - 建设性的　企业本能（5）
  - 野心
    - 支配需要（6）
    - 赞同需要（7）
- 利他主义
  - 依恋（8）
  - 崇敬（9）
  - 仁慈（10）

由此我们注意到，按照从（1）到（10）的排序，人的情感由本能性的情感向高级情感、由个体性情感向社会性情感、由利己情感向利他情感逐渐提升，孔德认为这种平衡与提升，是人类社会秩序得以实现和保证的重要条件[①]。

二、中国传统秩序：家国同构

中国儒家学说是中国传统秩序构建的理论代表，也是家庭秩序强大教育功能的经典示范。儒学是中国传统文化的主流，代表人物是孔子，代表

① 郭景萍．孔德：社会秩序视野中的情感研究．湖南师范大学社会科学学报，2007（1）：75-78.

性典籍为“四书五经”。它集哲学、政治、伦理、思想为一体，成就了悠久、博大、精深的秩序思想体系，成为统治中国数千年的正统社会文化。其中社会秩序基于家庭秩序，是秩序构建的核心内涵。家国一体的内在逻辑，也成为家庭教育内容和形式的内在秩序。

构建秩序是儒学思想的一个核心内涵。儒学根据天理来理解人世间的秩序，“天地人为一体，万物并育而不相害，道并行而不相悖”。秩序首先是一个整体，是相互依赖、是互为条件的关联，又是不相害的、不相悖的、有序的。著名物理学家普里戈金（Ikya Prigogine）在《从混沌到有序》中指出中国文明对人类、社会与自然之间的关系有着深刻的理解，中国的思想对于哲学家和科学家来说，始终是启迪的源泉。儒学在自然、社会的复杂性之中，探寻人与自然、人与社会、人与他人实现秩序的价值依据和“如何可能”的实践途径，并依据“天地人之道”“国家天下之道”“人伦之道”“中庸之道”，来构建社会秩序的理论与实践。

（一）人道即天道

儒学的秩序建构基于家庭、始于家庭。家族制度长盛不衰，家国一体，家国同构。家与国的组织系统与权力配置都实行严格的父家长制，宗法制度的本质就是家族制度的政治化。秦始皇废分封，行郡县，建立公卿之制，但是权力仍在自己一人手中；刘邦当了皇帝，“非刘氏而王，天下共击之”，权力属于刘氏的家天下；所以一部中国历史，就是家族统治史，整个天下对家族的重视一以贯之[①]。家族制度是以血缘为纽带联系起来的家族，始终非常稳固，具有强大的凝聚力。人伦秩序是家庭秩序之本，然后通过家国同构、修齐治平、礼乐天下，使得社会秩序成为可能。

1. 人道即天道

儒学依据自然法则建构家庭秩序，指出天地自然法则与社会、家庭秩序怎样联系起来成为一体，《易经·序卦传》：“有天地然后有万物，有万物然后有男女，有男女然后有夫妇，有夫妇然后有父子，有父子然后有君臣，有君臣然后有上下，有上下然后礼仪有所错”。《孟子·滕文公》：“父子有亲，君臣有义，夫妇有别，长幼有序，朋友有信。”因此，《易经·文

---

① 张岱年，方克立．中国文化概论．北京：北京师范大学出版社，1997：60.

言传》说：智者“与天地合其德，与日月合其明，与四时合其序，与鬼神合其吉凶。”儒学的人伦之道是天道、国家之道的具体化，《中庸》：“君子之道，造端乎夫妇；及其至也，察乎天地”。

儒学认为，人伦是人与人之间井然有序的规则，在最基本的人伦之中建立秩序才能是不朽的。儒学人伦秩序的建立顺序是：首先“正名”，其次“崇孝”，再次“礼乐”，最后“修齐治平，家国同构”。

2. “正名”是人伦秩序的标志

“名”指依照周礼规定按身份差异而区分的各种名称与职务，具有某种“名”则必有相应的责任和义务，每一个人都有其先赋的名分。正名是秩序建立极其重要的核心内容，孔子强调“必也正乎名”，人伦之中有五对关系最为重要，即五常，“曰君臣也，父子也，夫妇也，昆弟也，朋友之交也”。同时支配这五常的秩序是尊卑主从的三纲，君为臣纲、父为子纲、夫为妻纲，边界分明，秩序森严。

如果社会失范，礼崩乐坏，名分从根本上发生了变化，就失去了社会秩序的原本价值。孔子曾感叹曰：“觚不觚，觚哉？觚哉？”表达了他对当时君不君、臣不臣、父不父、子不子的名实不符、社会无序的不满。为了解决社会问题，恢复社会秩序，孔子认为必须纠正礼崩乐坏，重新建立人伦秩序，纠正因社会巨变而丧失现实意义的名分。即所谓“名不正则言不顺，言不顺则事不成，事不成则礼乐不兴，礼乐不兴则刑罚不中，刑罚不中则民无所措手足”。并在周礼的基础上，赋予礼更广泛的内容，全面规定了当时社会的各种关系的准则和规范：恭、宽、信、敏、惠、刚、毅、木、讷、勇、敬、俭、忠、恕等，这些规则至今受到社会秩序的认同，体现出人伦秩序对社会秩序建构的基础功能①。

3. 孝悌为仁之本

“孝”是儒家的重要的社会规范，治国之本，在儒家思想体系中，“孝”是“忠”的前提，在家讲孝，在朝言忠，此即“以孝治天下”。孝的主要内涵是养亲、尊亲，《尔雅·释训》云：“善父母为孝”，这就不仅

---

① 夏当英．孔子道德本位的社会秩序论．安徽大学学报（哲学社会科学版），2005（3）：146-149.

包括“养”而且包涵“尊”。孔子说：“夫孝，德之本也，孝之所由生也。”《孝经》讲，孝是“天之经也，地之义也，民之行也”。“孝”与“忠”互为匹配，家国一体，家庭秩序、国家秩序均在其中，忠孝一体。

孔子曰：“君子务本，本立而道生。孝弟也者，其为仁之本与！”孝，善事父母，悌，兄弟和睦。子曰：“父在，观其志；父没，观其行；三年无改于父之道，可谓孝矣。”《孟子·滕文公上》：“生，事之以礼；死，葬之以礼，祭之以礼，可谓孝矣。三年之丧，自天子达于庶人，三代共之。”之所以要服三年之丧，因为出生三年，然后才能免于父母之怀，故父母之丧，必以服丧三年报答。这种对等的互构性，是儒学人伦秩序的突出特点。

每个人因他人而获得生命，因相互关联而获得生存的延续，回报以对等的付出，实质就是对人伦关系的重视，充分的对等互构而成有序的人伦秩序，以此建构成社会秩序的基础，血缘秩序的稳固，是社会秩序稳固的基础；破坏血缘的秩序，则导致社会无序。

“孝”包含几重内涵，例如“无违。”“生，事之以礼；死，葬之以礼，祭之以礼。”“父母唯其疾之忧。”“色难。有事弟子服其劳，有酒食先生馔，曾是以为孝乎？”“事父母几谏。见志不从，又敬不违，劳而不怨。”“三年无改于父之道，可谓孝矣。”“父为子隐，子为父隐，直在其中矣。”

儒家将“不孝有三，无后为大”作为社会文化继承和延续最重要的伦理，《孟子·离娄上注》讲，不孝有三：阿意曲从，陷亲不义；家贫亲老，不为禄仕；不娶无子，绝先祖祀。三者之中，无后为大，反映出儒家对生命秩序的深刻理解。从生命秩序看，繁衍与继承是家庭秩序建立的首要条件，繁衍是所有物种的第一需要，也是家庭、社会生存的第一需要；生生不息是自然界最重要的秩序所在，也是家庭秩序、国家秩序的根本所在。

4. 秩序建立：家国同构

“修齐治平”将家庭秩序与家国天下的秩序联系成为一个整体，这是一个极其有序的程序。儒学认为：“古之欲明明德于天下者，先治其国；欲治其国者，先齐其家；欲齐其家者，先修其身；欲修其身者，先正其心；欲正其心者，先诚其意；欲诚其意者，先致其知；致知在格物”；“物格而后致知，致知而后意诚，意诚而后心正，心正而后身修，身修而后家齐，家齐而后国治，国治而后天下平。”一方面，修身齐家是治国平天下的起点；另一方面，治国平天下则是修身齐家的目的，两者互为因果。家国同构，使秩序成为可能。

朱熹进一步论述道，所谓治国必先齐其家者，其家不可教而能教人者，无之。故君子不出家而成教于国：孝者，所以事君也；弟者，所以事长也；慈者，所以使众也。身修，则家可教矣；孝、弟、慈，所以修身而教于家者也；然而国之所以事君事长使众之道不外乎此。此所以家齐于上，而教成于下也。一家仁，一国兴仁；一家让，一国兴让；一人贪戾，一国作乱；其机如此。此谓一言偾事，一人定国。故治国在齐其家。这是儒家“修齐治平”的内在秩序所在。

（二）秩序的符号

制礼作乐是确保社会秩序的具体措施，礼乐也就成为社会秩序的符号。据《尚书大传》载，“周公摄政，一年救乱，二年克殷，三年践奄，四年建侯卫，五年营成周，六年制礼作乐，七年致政成王。”周公制礼作乐一项最重要的内容就是确立制度，保证秩序。例如嫡长子继承制、宗庙祭祀制度等[①]。

制礼作乐，以血缘的亲疏辨别同宗子孙的尊卑等级，建立起一整套尊祖敬宗的宗庙祭祀制度，这是家庭隆礼的重要渊源。周天子为七庙，诸侯为五庙，大夫为三庙，士为一庙。宗庙祭祀制度的发展，形成了中国传统的礼乐文化；封建社会将这一文化一直延续到清代，左宗右社，就是宗法和国土的象征。礼乐制度具有强大的文化认同功能、社会教化功能、家族凝聚功能。

《说文解字》：“礼，履也，所以事神致福也。”礼，最初是指祭神的器物和仪式，后来逐渐形成一种伦理观念和礼治思想，其功能是“经国家、定社稷、序民人、利后嗣者也”。《礼记·礼运》言“夫礼，先王以承天之道，以治人之情，故失之者死，得之者生”。意思是说如果要败国、毁家、灭人，“必先去其礼”。礼即秩序，秩序通过礼而得到表达，得到稳固。故而孔子强调“为国以礼”，对民要“齐之以礼”。“礼”乃体现天理的人事之仪，人伦准则。

---

① 张岱年，方克立．中国文化概论．北京：北京师范大学出版社，1997：57.

《礼记》的开篇深刻阐明礼的内涵："道德仁义，非礼不成。教训正俗，非礼不备。分争辩讼，非礼不决。君臣上下、父子兄弟，非礼不定。宦学事师，非礼不亲。班朝治军，莅官行法，非礼威严不行。祷祠祭祀，供给鬼神，非礼不诚不庄。"

孔子之"礼"主要是周礼，是规范人们行为、维护社会秩序的一整套典章、制度、规矩、仪式、礼节，它在国家治理乃至在人们日常生活当中起了核心的作用。即所谓"礼之用，和为贵。先王之道，斯为美，小大由之；有所不行，知和而和，不以礼节之，亦不可行也"。"和"就是有序，大到国家民族，小到人与人之间，都有可能出现混乱与偏差，要调整这种矛盾，必须靠"礼"来均衡，以达到有序。

荀子以"礼"为人道之极，他通过对礼之行为规范条理化的阐释，融礼与义为一体，将社会秩序的基本要义，在纲常基础之上形成冠、婚、丧、祭、省诸礼仪制度规范，将秩序固定在礼仪之中，并世代传递。曾子曰："慎终追远，民德归厚矣。"慎终者，丧尽其礼；追远者，祭尽其诚。因此，礼，即理之节文也。人之事亲，自始至终，一于礼而不苟。

张岱年指出，周代的礼制是周代制度文化、行为文化和观念文化的集中体现。它既是典章制度的总汇，又是政治生活、经济生活、社会生活、家庭生活各种行为规范的准则。周人之礼，包括形式和内容两个侧面，其形式为"仪"，即各种礼节和仪式，周朝规定，祭祀、用兵、朝聘、婚丧、都要遵循严格的合乎其等级身份的礼节仪式，以体现上下尊卑之别；另一侧面，礼的内容一是亲亲，贯彻血缘宗族原则，二是尊尊，执行政治关系的等级原则。两者统一在其主旨上，就是"别贵贱，序尊卑"，保证"天无二日，国无二君，家无二尊，以一治也"[①]。香港学者饶宗颐认为："中国文化所以能延绵数千年，仍有如此凝聚力量，实乃受两个因素所驱使，一是文字，二是纲纪，即礼也[②]。

社会礼制在家庭就体现为家礼，中国传统社会的家礼是社会礼制的基础，也是社会秩序构建的基础。家礼以四礼为基本内容，冠礼、婚礼、丧礼、祭礼；冠以责成人，婚以承祭祀，丧以慎终，祭以追远。人的一生中各个重要阶段的重大事件、重大关系、重大责任、重要的情感依赖，都集

---

① 张岱年，方克立．中国文化概论．北京：北京师范大学出版社，1997：82.
② 季羡林．季羡林说朱自清散文《背影》．名作欣赏，2003（3）：2-3.

中在家庭这四礼之中，并成为人生各个重要阶段的标志性符号，生命的秩序性符号，人生的阶段、过程、责任、情感、交往，都通过家礼予以规范并确立。

三、家庭秩序的教育功能

(一) 家庭秩序的教化功能

1. 家庭秩序本身即教化

“天命之谓性，率性之谓道，修道之谓教”，是中国传统社会秩序建立的主流文化基础，以天道为人道，秩序井然。人伦秩序即生命秩序，家庭秩序通过“明人伦”的教育，儿童习得家庭的秩序规则，推而广之，及其国家天下，完成个体社会化。修道的“教”是以“化”为目的，除了“人生八岁，则自王公以下，至于庶人之子弟，皆入小学”，十五岁，自天子之子，以至公卿之子以及百姓孩子中聪慧俊杰者，“皆入大学，而教之以穷理、正心、修己、治人之道。”[①] 还将诗书礼乐作为家庭教化的途径和内容。

孔子推崇诗、书、礼、乐“皆雅言也”，赞赏诗歌的价值“人伦之道，诗无不备”。“诗三百，一言以蔽之，思无邪”，突出诗教的教化功能，其诗教理念及原则对后世产生影响极为深远。孔子庭训也是他诗教理念的具体实施，据记载，孔子的儿子鲤趋而过庭，子曰：“学《诗》乎？”对曰：“未也。”“不学《诗》，无以言。”鲤退而学《诗》。他日又独立，鲤趋而过庭。曰：“学《礼》乎？”对曰：“未也。”“不学《礼》，无以立。”鲤退而学礼。孔子认为诗教不仅是个人完善的事情，也是完成社会教化、构建社会秩序的有效途径，孔子成功开创了中国文化的诗教传统，对优化家庭秩序、国家秩序贡献巨大。

2. 家庭秩序成功应对欲与恶

秩序构建首先要应对人的原始欲望带来的破坏力，要建立起人与人之间的最基本的利益规则，这种规则就是秩序。《孟子·滕文公上》：“当尧之时，天下犹未平，洪水横流，泛滥于天下……尧独忧之，举舜而敷治

---

① 朱熹. 四书集注. 长沙：岳麓书社，1985.

焉……禹疏九河……然后中国可得而食也……（然）饱食、暖衣、逸居而无教，则近于禽兽。圣人有忧之，使契为司徒，教以人伦：父子有亲，君臣有义，夫妇有别，长幼有序，朋友有信。”这是儒学秩序思想的渊源。

《孟子·滕文公下》讲，在孔子所处的时代，“世衰道微，邪说暴行有作，臣弑其君者有之，子弑其父者有之。”孔子作《春秋》，点评世事史实，令乱臣贼子感到畏惧。孔子晚年“述而不作”，整理“六经”，传之后世，至此儒学关于社会秩序的内涵基本确立。之后经历代整理发展，儒学秩序思想体系以其高度的秩序性，占据历代社会思想的统领地位，并成功建构了稳固长达两千多年的社会秩序，影响直至今日。

家庭的人伦秩序，则能够成功应对“欲”与“恶”的基本焦虑。人的原始欲望不具备秩序感与人伦感，按照弗洛伊德的解释，儿童早期并不遵循秩序意识，而是遵循快乐的原则，因此对秩序是一种破坏，所以在儿童期，家庭的人伦秩序可以保持欲望与有序之间的张力，成功应对儿童原始欲望的冲动和由此而生的基本焦虑。《礼记·曲礼》：“敖不可长，欲不可从，志不可满，乐不可极”。《荀子·劝学》：“故学至乎礼而止矣，夫是之谓道德之极。”

在《礼运》篇看来，个体的“原始焦虑”是普遍性的，所谓“欲恶者，人心之大端也”，在这里“人心”是总体的人心。要缓解人心所共有的“焦虑感”，需要从总体上来加以有序化，需要从儒家的“大同”理想开始。《礼运》篇中形象地描述了这个令人神往的“大同世界”的完美秩序：“大道之行也，天下为公，选贤与能，讲信修睦。故人不独亲其亲，不独子其子，使老有所终，壮有所用，幼有所长，矜、寡、孤、独、废、疾者，皆有所养；男有分，女有归；货恶其弃于地也，不必藏于己；力恶其不出于身也，不必为己。是故谋闭而不兴，盗窃乱贼而不作，故外户而不闭，是谓大同。”

显然，在“大同”这一完美秩序中，个体的“原始焦虑”在无形中得到消解，“生存焦虑”，“贫苦焦虑”，在对于不同年龄段的个体都有适当的安排中得到了最大限度的释放；而“性与生殖的焦虑”也在“男有分，女有归”的合理之中得到安顿；对于“时间体验”所造成的焦虑在和睦、和谐、安全、井然有序的社会生活中得到缓和，实现“发乎情止乎礼仪”的文化节制功能和审美心理满足。

然而现实之中尚未有过大同世界，人类在原始欲望的冲击之中，“天下为家，各亲其亲，各子其子，货力为己”，那么面对上述的原始焦虑，所以，以“礼”来构建秩序，对抗原始欲望就非常必要了。荀子认为“礼者，养也”，“礼”可以“养人之欲，给人以求，使长幼有差，贫富轻重皆有所称者也。”这个“有别”，在“礼”的基础上建立起完整的伦理等级秩序，使每个人都可以在其中找到他合适的位置，并由此位置来决定他能享受到的权力、利益。因此就能有效地制止人因为“欲”的焦虑而导致的“人患”，使社会保持上下相安、稳定和谐的秩序。此外，由于在礼的秩序中，重视“生死之礼”，所谓“礼者，谨于治生死者也。生，人之始也；死，人之终也。终始俱善，人道毕矣。”

3. 家礼的教化功能

礼乐是一种心的秩序、心的逻辑，心的法则属性①，通过礼仪表达人们内心的秩序。君臣之礼、父子之礼、夫妇之礼、朋友之礼、兄弟之礼，祭祀之礼、婚嫁之礼、寿丧之礼、同僚师生之礼、送往迎来之礼、宴请酬酢之礼……各个不犯其位，次第井然。礼乐意识表达着内心对世界秩序庄重肃穆的顶礼膜拜，人类选择礼仪，也就是认同世界的秩序，服从赖以生存的有序。几千年来，人类在礼乐之中发现了礼乐的秩序性，并通过礼乐反复表述着这种强烈的对秩序的要求，直至现代社会，严格的等级礼仪依然广泛地存在于社会生活、家庭生活之中，构成社会秩序的重要部分。

儒学很重视“祭礼”，祭，天人相同之谓，祭祀礼仪在某种程度上可以有效地缓解人对“生死”的恐惧，在“礼”成为一种包罗万象的社会伦理制度时，所有的关于社会行为的规定就被其囊括。《礼记·礼运》引用孔子的话说：“夫礼，先王以承天之道，以治人之情，故失之者死，得之者生。《诗》曰：‘相鼠有体，人而无礼；人而无礼，胡不遄死！’是故礼，必本于天，于地，列于鬼神，达于丧、祭、射、御、冠、朝、聘。故圣人以礼示之，故天下国家可得而正也。”

（二）家庭秩序的行为训练功能

孔子指出：“礼之用，和为贵……小大由之。”朱熹解释，“礼”体现天理的人事之仪，“和”乃从容不迫之意，从容而不迫，方为可贵，小事

---

① 孙亦平．西方宗教学名著导读．南昌：江西人民出版社，2002.

大事无不如是。孔子还指出，恭而无礼则显得费力，慎而无礼则显得畏惧，勇而无礼则显得杂乱，直而无礼则显得冒失。礼之用克服四者之弊，体现民风德厚。同时对个人而言，“恭近于礼，远耻辱也”。“礼”乃体现天理的人事之仪，人伦准则、人与人之间的恭敬诚意是通过“礼”的行为符号加以固定，加以表现的。

儒学对举止言谈的要求都是从内到外的，内诚外雅，才能“温良恭俭让”。“非礼勿视，非礼勿听，非礼勿言，非礼勿动。”“君子欲讷于言而敏于行。”“刚毅、木讷，近仁。”认为刚强、坚毅、质朴，迟钝四者在本质上接近“仁”。孔子自己则谨于言行，“食不语，寝不言，”“席不正，不坐，”“升车，必正立执绥。”庄重端肃，在不同的场所，无不端庄高雅，仪态万方。“礼之用”进一层的含义，在于诚为实，礼为虚，如果缺乏真诚的恭敬，则不如无礼。所以，孔子曰“祭如在”。真诚无虚的恭敬，表里如一，尚礼的秩序价值则在其中了。

后现代思潮对秩序的冲击、挑战，表现为在家庭秩序问题上对家礼的消解、对家庭关系的重新定位。后现代的主题是消解权威、消解价值的，因此有提出“做孩子的朋友”“与孩子共同成长”等亲子关系定位，家礼也简化到了几乎没有任何要求的地步，才有了“常回家看看”的节日规劝。笔者以为，亲子之间相互依赖的降低，是人类返祖低等物种趋势的说明，不能说是个体价值的提升。中国传统文化建立起来的人伦社会秩序，是人类很成熟、很合理和很高等的生存方式，对人类总体生存的益处远远大于个体主义的生存方式，通过家礼凝聚起来的人与人之间的有序的、安全的、相互依赖的、相互支撑的伦理秩序，是儿童个体社会化的深刻依赖着的情感秩序，也是儿童成长的秩序保障。

这一点，值得现代化进程中的现代中国高度警惕与认真辨析。

（三）家庭情感根植于家庭秩序

情感具有一种特别的认识论功能，也就是人对价值可能性的认识。同时情感作为一个重要的基础包含在“爱他人”的行为之中。这对于家庭教育有着可贵的启示。

家庭基于血缘的、稳定的爱的秩序，为人类奠定了生存秩序的基础，奠定了儿童个体发展根植于内心的情感秩序。家庭亲子之间的爱，家庭成员之间的爱，是家庭的秩序建构的基础和保障。基于生命传递、终身相互依赖的爱的基础不可动摇，家庭的教化机制的坚固性就不可动摇。因此“家人”的认同，也就是彼此的伦理认同，以爱的秩序为基础的伦理秩序，是家庭独具的情感秩序，是家庭教育非常重要的秩序性原理。

家庭凝固了的情感秩序，成为人类深刻地赖以生存的内在需求。在中国文化里，家庭的这种爱的秩序更是极其重要的内心依靠，每一个人都依靠着这种秩序去认同自己、去面对世界，如果这种秩序遭到破坏，人的内心稳定和平衡就会面临危机。在一次大地震后，有人发表了“弃母论”观点，意思是说当个人生命受到威胁的时候，逃生是本能的，天经地义的，即便是母亲也不会舍命去救。这一言论激起大众广泛的激烈的情绪反应，愤怒指责“弃母论”的荒谬绝伦，因为这一言论极大地伤害了人类对情感秩序的深刻依赖。

母亲的爱之所以伟大、之所以无可替代，是因为它来自生命秩序的赋予。母亲的爱是人类情感中最稳定、最可靠的爱，是人类赖以生存的极其稳定的内心秩序，中国传统社会“以孝治天下”之所以成为可能，并非仅仅源于对父母之爱的回报，也因为人类对来自家庭的爱的深刻依赖，人类对这种情感秩序的深刻依赖。

第四章

家庭教育的关系性原理

家庭教育的主要内容之一是培养儿童的社会性品质，促使儿童完成社会化。社会性是儿童社会化的主要构成。社会性是高度关系性的品质，只有在人与人的关系之中，才有社会性品质的培养。

人的社会性与人类生存方式有直接的内在联系，社会性直接产生于人类社会群居这一生存方式。那么人类为什么要聚集在一起，结成社会相依而存呢？人类这种群居习性的意义何在呢？

生物物种以群居方式生存不只限于人类，动物界群居的物种种类也不乏见。在自然界，任何一种动物都会受到来自各方面的生存选择的压力，一些压力会促使动物朝社群生活的方向进化，比如集体狩猎的好处、群居生活的生殖优势，可能促使有些动物朝社会性动物进化，另一些压力则有利于动物选择独居生活方式。人类即属于前者。

人类聚集在一起相依而存，人类由此获得有利于生存和物种延续的最大益处，同时也因集体生存而发生利益的分配问题，群体与群体之间，个体与个体之间都会发生，人类的社会性也因此产生。从这个意义上讲，社会性是人类群体生存的需求，也是人类个体生存的需求。从心理学角度看，人类群聚已经成为个体的习性，只有在群体中，人才能得到安全的需要、爱的需要、归属的需要、自尊的需要、自我实现的需要。以同类群体为参照体系来确定自己。

存在主义哲学从另一角度解释人类的群居，按照海德格尔的理解，人被历史地抛在特定的时间和特定的空间的那个交点而开始存在，因此人“注定是孤独的”，即使“诗意地栖居”，从根本上讲都可能随时“被连根拔起”，这是人被历史性所决定的命运，是人的孤独性的历史性机制，也就成为人类渴望建立起与他人的联系的原始的、本质的缘由。这种缘由可以是哲学范畴的，也可以是心理学范畴的。

人类以群居作为生存方式，既是社会性产生的缘由，同时构成儿童道德学习的必需条件，人类家庭成员之间的联系，则是儿童道德学习发生的最初始的人际联系。从生物进化的观点看，学习是有机体适应环境的手段，从文化传递的角度来看，非物质文化如道德、信仰、价值的传递，通过人与人之间的互动才能实现，因此，基于进化、基于文化传递的人类个体社会化必然发生。

儿童降生到这个世界，也就是降生于特定的某一亲子关系、家庭关系之中，家庭成员关系的质量直接影响对儿童的社会性培养的质量。有学者认为教育结构是相互承认的社会关系，是国家法律承认的，个人之间获得的平等关系，而家庭教育结构是相互承认的血缘关系和社会关系。家庭关系是相互之间的伦理承认、情感依赖和爱（爱是相互承认的接纳），对于个体在家庭中精神成长具有独特的价值，父母则是最早的重要他人。因此可以认为这种关系性是家庭教育的核心机制之一。

一、教育关系及交往理论

教育关系的确立，证明了教育的存在。教育关系是一种与其他人文关系不同的独特的人文现象，人类发展和个体成长只有在教育关系中才能形成。只有在特定的关系情境中，儿童才能发展社会性品质，并在社会心理方面逐渐成熟。

（一）教育关系的相关理论

1. 国外教育关系理论研究

西方教育理论对“教育关系”的研究已经有很长一段历史。“教育关系”这一基本概念，关系着教育学是否是一门独立学科。狄尔泰（Wilhelm Dilthey）提出，对这一问题的回答需要追溯至教育经验的本质，需要探询教育经验是否是一种根本的、独特的人类经验。狄尔泰建议：为了发展一门教育“科学”，我们首先需要理解“教育关系”这一理念的含义和意义；“教育学”只有研究教育者与儿童或学生的关系才能找到其真正的起点。尽管教育关系是作为一个哲学问题产生的，但此后的德国和荷兰学者，如诺尔（Nohl）、范梅南（Van Manen）等都对这一概念进行了探讨。

诺尔（1982）就教育关系的特质进行了研究[①]。他在研究中将教育关系描述为儿童和教育者之间一种强烈而深刻的体验到（experienced）的关系，并提出教育者－儿童这种教育关系具有个人的、意向性的和解释性的特质：①教育关系是一种有其特质的个人之间的关系，它是在成人和儿童之间同时产生的无须训练的关系，也不能简化为任何其他人的交互活动。②教育关系是一种意向（intentional）的关系，在这种关系中，教育者关心儿童的成长。③教育者必须不断地解释、理解当前的情境、儿童的经验并预测儿童参与的时机。从根本上说，教育关系是一种个人之间的关系，教育者对儿童和学生会有所期望。当儿童和学生对教育者给予的指导有所回应之时，教育关系就自然而然地产生了。在这种关系中，成人对儿童进行教育、促进其成长和成熟，教育者对年轻人负有特定的责任，因而具有意向性。处在教育关系中的教育者还必须具有敏锐的观察力对儿童的经验进行解释和理解，以做出合适的教育行为。

范梅南（1994）则从现象学的角度提出，教育关系在儿童和家长、学生与教师之间自然而然地同时产生，它是一种理念，或者更确切地说，是一种经验。“在教育关系中，在为人父、为人母、成为教师的经验中，我们的部分生活得到实现。教育关系不仅仅是一种达到目的的手段和方式，它在自身存在中找到其意义。”[②] 因此，对于儿童和学生来说，教育关系不仅仅是达到成长目的的手段，它是生活本身的一部分，是一种有意义的生活体验。

---

① Steutel J，Spiecker B. Authority in educational relationships. Journal of Moral Education，2000，29（3）：323–337.

② Van Manen M. Pedagogy，virtue，and narrative identity in teaching. Curriculum Inquiry，1994，4（2）：135–170.

2. 国内教育关系理论研究

国内对教育关系的理论研究的数量与研究成果相对较少。王希尧[①]将教育关系作为教育本质的一个维度进行了研究。他认为教育的本质应该从教育自身所固有的三个维度（教育关系、教育发展、教育活动）去说明。教育关系是教育存在的形式，它直接反映不同历史阶段社会的经济结构，决定了教育的历史性。其内在结构具有永恒性，是教育本质的载体，决定教育的本质。纪大海与杜萍研究了教育关系的功能[②]。他们提出教育关系是社会关系中的中介关系，它对于不同的社会关系系统分别具有育人功能、发展功能、优化功能、整合功能和改良功能。社会关系历史演进模式为"权力模式""制度模式"和"合作模式"，教育关系有对应表现和内容。权力模式仍是当前教育关系中的主导模式，它是师生关系中非人道问题产生和虚假文化泛化的根源。

（二）现代交往理论

1. 交往理论及其流派

从词源考察"交往"，英语中的communication，德语中的kommunikation均来自拉丁语的communis，起初指共同的、通常的。还有一种含义就是分享交流思想、情感、观念信息等。在汉语中，"交"本意是指两者相接触，《易经·泰》云："天地交而万物通也"；"往"本意是去，《易经·系辞下》云："寒往则暑来，暑往则寒来，寒暑相推而岁成焉。"[③]从词源上看，天与地相对，寒与暑并列。交往从本意上讲，即主体的多元、主体间的平等，而天地相交、寒暑相推，则意指交往双方的互动与持续作用。

在哲学史上，很多思想家的著作都蕴涵着交往思想，虽然他们可能没有明确地使用过交往概念或没有把交往作为一个核心范畴来对待。如中国古代儒学中关于"仁"的思想，西方古代智者的论辩、对话思想等。这里不一一列出，着重介绍现当代西方交往理论的主要流派和代表人物。

自20世纪30年代胡塞尔（Edmund Husserl）"现象学转向"开始关注主体际交往问题以来，历经维特根斯坦（L. Wittgenstein），海德格尔、狄

---

① 王希尧. 教育关系是教育本质的一个维度. 内江师范学院学报，1998，13（1）：26-30.

② 纪大海，杜萍. 教育关系论. 教育研究，2002（12）：16-21.

③ 周振甫. 周易译注. 北京：中华书局，1999：261.

尔泰、雅斯贝尔斯（K. Jaspers）、萨特（J. P. Sartre）等的阐发，到法兰克福学派第二代重要代表哈贝马斯（J.Habermas）“交往合理化”理论的全面提出，“交往”理论在西方哲学界一直备受关注[①]。哲学中交往主题的转向，引起人们思维方式的巨大变化，也为人们认识事物提供了一种全新的视角。

雅斯贝尔斯认为，人的生存是自由的，而个人只有在与他人的交往中才能获得真正的自由。因此他说：“交往是我面临的基本任务。按照它在大全的样式中的多种源泉阐明交往，是哲学研究的核心课题。”[②]他把交往分为两种类别，即“实存的交往”（daseins kommunikation in existencee）与“生存的交往”（existentille kommunikation）[③]。

雅斯贝尔斯认为实存交往的三种形态构成了人类生活经验的基础，没有它们，人类的文明就难以延续到今天。但实存的交往没有从人的本质即从真实的自我来理解交往的本质与价值。交往的价值不是外部的物理作用，而是它的精神价值，即它在促进人的自由的全面实现方面的价值。为此，他认为真正的交往是生存交往。在生存交往中，个人作为自主、独立的人在与他人交往时既不丧失于他人之中，又不与他人相对立，而是彼此保持自己的个性、人格、自由，同时又把自己的心揭示给他人，并领悟他人之心，做到彼此心心相印。

由此人们会认识到：“只有他人首先成为他自身，我才能成为我自身；除非他自由，我才能自由；除非我确信他，我才能确信我自己。在交往中，我感到我不仅对自己负责，还必须对他人负责。”[④]雅斯贝尔斯所推崇的交往即他所认为的生存交往乃是一种精神交往，通过这种精神交往，自我与他人能形成一种“共生”的关系，从而彼此获得真正的自由。

卡尔·马克思的交往理论源于他的实践哲学，其实践范畴本身就包含着人与人之间的关系。国内的一些马克思研究者依此提出了一种交往实践观，并认为“交往实践观是马克思对全部历史发展和人类肢体本质进行科学分析、深刻洞见和整体把握的基本理论尺度，也因此而构成贯穿马克思

---

① 姚纪纲．交往的世界：当代交往理论探索．北京：人民出版社，2002：4.

② 刘放桐．新编现代西方哲学．北京：人民出版社，2000：174.

③ 赵振红．论主体间性教育交往．辽宁工学院学报，2005（2）：91-93.

④ 方朝晖．重建价值主体：卡尔·雅斯贝尔斯对近现代西方自由观的扬弃．北京：中央广播电视大学出版社，1993：128.

毕生思想发展的一个中心视界”[①]。马克思所使用的交往含义比较宽泛，与雅斯贝尔斯所使用的含义有差异。

当代著名思想家哈贝马斯构建了一种交往行为理论。他把人的行为分为两类：一类是“工具性行为”，即“目的–手段”合理行为，指的是人与自然的关系，强调人利用工具达到认识、改造自然界的目的；另一类是交往行为，它是交往参与者遵循有效的规范，保持社会一体化的行为，是主体间的相互理解行为。为此，他把交往界定为人与人之间的相互作用，它以言语为媒介，通过对话，达到人与人之间的相互“理解”和“一致”。

哈贝马斯的“目的–手段”合理行为与交往行为和马克思所讲的生产与交往是相应的，哈贝马斯的交往行为理论的构建就得益于马克思的实践概念，他之所以采用交往行为来重建历史唯物主义，是因为当代社会的工具性行为的“合理化”（rationality），也就是工具性行为膨胀，并被人们所认可，而使交往行为受到排挤、压制、侵占，即哈贝马斯所讲的“系统”向“生活世界”的入侵导致“生活世界殖民化”，因此他主张用交往理性来对抗工具理性[②]。

在当代社会，工具理性的膨胀导致了人的主体性失落和人在机械体系中的抽象化和手段化，人与人之间的交往就成了雅斯贝尔斯批判的一种“实存的交往”，他们彼此把对方看作手段和抽象的实体，看作实现自己某种目的、满足自己某种需要和欲求的工具，从而导致了人际关系的疏远、冷漠。

现代交往理论旨在试图挽救失落的主体，缓解紧张、敌对的人际关系。他们的交往思想无疑照亮了当代社会中处于生存困境中的痛苦心灵，对于今天的教育也具有极大的启发意义。它向人们昭示，教育要以解决人的生存危机为使命，把处理人与人的关系看作一个重要的教育问题；同时，教育要摆脱工具理性的束缚以实现自身的转型，在促进人的发展中保持正确的价值向度。

马克斯·韦伯最早强调研究互动及其意义，他认为社会学的主要目的是研究“社会行动”，必须研究所在某个具体位置的人的思想和动机，也

---

① 贺金瑞. 全球化与交往实践. 北京：中央广播电视出版社，2002：61.

② 阮新邦. 批判诠释与知识重建：哈贝马斯视野下的社会研究. 北京：社会科学文献出版社，1994：36.

就是心理学上说的移情理解，才能解释人类的互动及其意义。乔治·米德（George H. Meade）对此进行了系统的研究，这一研究视角后来被称为符号互动论（symbolic interactionism）[①]。符号互动论有三个基本原理：第一，我们依据对事物所赋予的意义采取行动；第二，我们所赋予的事物的意义源于社会互动；第三，在任何情况下，为了赋予某种情境以意义并采取行动，我们都要经历一个内在的阐释过程——我们与我们自己交流。

此外，符号互动论提出交往互动的共享原理、互动学习原理和决定怎样行动原理。共享原理是指如果人们将某种情境定义为真实的，那么这种情境就会造成真实的影响。某个人的态度取决于他在首次遭遇时如何看待事物，他所见到的东西，这些东西对他们的意义，决定了他们的行为反应。每一个人所遭遇的现象都经过了极为不同的选择和排列。因为这一原理是美国社会学的奠基人之一托马斯（W. I. Thomas）提出的，所以共享定义也称之为托马斯定理[②]。而社会互动理论进一步拓展了符号互动论，指出人类相互依赖性，是关系建立并形成互动交往的条件[③]。

2. 交往的本质

当代著名物理学家普里戈金（Llya Prigogine）用“相互作用”替代了万物永恒的概念，指出有序除了法则，还有关系的相互作用，多样化和进化的作用。有序的本质是相互作用机制[④]。交往理论的核心是强调主体与主体间沟通与协调，交往的达成需要双方主体性的发挥，任何一方丧失主体性都会导致交往的最终破裂，交往凸显了人的主体性的重要和不可替代性。

主体间性理论对人生存方式的关注是通过对人的重新理解体现出来的，它强调主体之间的沟通与理解，这不仅凝聚着对个体完整性的探求，也蕴含着对整个人类的深切关怀与呵护。主体间性理论给我们的启发不仅是要关注交往，其更为本质的东西是让我们思维方式的转变，即由一种“物化”思维、对象性思维转变为“人学”思维，只有思维的变革，真

---

① 波普诺．社会学：第十版．李强，译．北京：中国人民大学出版社，1999：117.

② 同① 119.

③ 郑杭生．社会学概论新修．北京：中国人民大学出版社，2003：125.

④ 普里戈金，斯唐热．从混沌到有序．曾庆宏，沈小峰，译．上海：上海译文出版社，2005.

正的交往才能发生。同时，真正交往的发生又使这种“人学”思维得以深化、拓展。“没有交往，教育关系便不能成立，教育活动便不可能产生。一切教育不论是知识教育还是品格教育都是在交往中实现的。”[①] 对于家庭教育关系来说，更是如此。

交往的主体间性也被称为交往的互主体性。交往是两个或两个以上的主体之间发生的行为，参与交往的人都以主体的身份出现。主体间性就是指在交往者的眼中，对方是与我一样具备主体性的人，这与生产性行为中人与事物所发生的主体改造客体的活动存在着本质的区别。对于交往的参与者来说，无论哪一方是交往的发起者，只要一进入交往过程，双方就都进入了互为主体的状态。另外，交往的参与者是异质的主体之间的关系，异质的主体性是说主体的差异性。如果是同质的主体，交往也就无存在的必要。在现实的交往关系中，每个人都是主体，都是彼此间相互关系的创造者，并且都把与自己有关的其他交往者的主动性、自主性作为相互对话、理解和沟通的前提条件，在一定的规范、习俗、契约及文化传统的框架内进行交流、对话、沟通、理解等活动。

这里就涉及交往的客体中介性。主体之间能发生相互作用，在于存在中介客体，交往的中介客体是双方共同指向的客体，显示出交往实践的客体指向性特色，基于这一特点，交往双方谁也不能坚持自我中心，谁也不可能主宰交谈过程本身，他们彼此被交谈、对话本身引导着，从而使双方既坚持自己的观点，又倾听对方的意见，通过对话达到彼此理解。这种理解不是简单的视界交换，而是在一个更广阔的视界中重新去解读、认识中介客体。交往行为的中介客体主要为语言符号系统，人们通过语言符号系统而进行信息的转换或同构，实现双方在思想、情感、态度、观念上的沟通和对于活动本身意义的理解。

交往还具有合规范性。雅斯贝尔斯认为在规范约束下的交往乃是一种“实存”的交往，它容易使人成为规范束缚下的实体，使人的生活被局限于特定的框架之中，从而使人性受到压制。雅斯贝尔斯的认识是有道理的。在不合理的规范约束下，人的自由是受到压制的，现实生活已证明了这一论断。但普遍地反对规范，要求一种没有规范的交往是我们不能认同

① 金生鈜. 理解与教育：走向哲学解释学的教育哲学导论. 北京：教育科学出版社，1997：125.

的，也是事实上不存在的。因此关键的问题是规范的正当性。哈贝马斯认为交往主要是通过言语进行的，交往要符合规范要求，交往的参与者的言语应合乎规范。为此，他为交往行为建构了"普遍语用学"。"普遍语用学"认为，在交往中，言说者的话语必须是可领会的，另外还要满足三个有效条件，即话语的真实性、真诚性与正当性[①]。交往必须合乎正确的规范，只有如此，才能使交往顺利地开展，而不至于发生断裂。

交往概念既是一种关系性范畴，也是一种活动性范畴。作为前者，它从横向方面反映了人与人之间的普遍性的社会联系，作为后者，它从纵向方面说明了这种社会联系是在人的社会活动和历史活动中形成发展的。这两个维度从不同角度展示了交往在现实社会过程中的基本特性。

物质生活资料和生产资料是一切历史活动的前提和条件，也是人们日常交往得以开展的基础。人们在物质生产活动中形成的交往关系，构成了人类其他交往活动和交往关系的基础，形成与一定生产力发展水平相适应的交往方式，又由于它与生产力的矛盾运动，推动了历史的进步与发展。可见，交往活动具有一定的历史传承性，各个历史时代既继承了以往人类在全部实践活动中创造的成果，同时，这种历史积淀又决定了以后社会发展的形式和方向。因而，交往与交往方式是一种与人类历史进程同步发展的现象，具有物质性和历史性。

归结起来讲，交往在本质上就是人的一种存在方式，交往是人与人的相互作用，是人的本质力量的相互作用，交往对人类生存具有极大的意义与价值。交往的双方在认识自己、完善自己的同时也使对方得以完善。就家庭教育而言，围绕教育关系之间的交往的本质就是家庭的一种生存传递的存在方式，家庭成员共同生活、相互依赖、交互往来，教育和社会性学习就必然发生于其间。

二、家庭教育关系考察

（一）社会性是最具关系性的品质

我们以社会规范为例。到目前为止在所有的品德规范中，受到最好评

① 贾英健．论哈贝马斯的交往行动和话语伦理思想．济南大学学报（社会科学版），2005，15（5）：30-34.

价的是由美国迈阿密大学雷欧·克里斯顿教授制定的21条学生行为规范准则，其间我们可以看到，离开了关系，这些行为都不存在，更无从发生。社会性起始于人类的关系，而品德是起始于人类的利益关系。

① 明确自律的重要性，把自律作为动力，去做我们认为应该做的事，即使我们不愿意。

② 做到值得信赖，这样当我们说要做什么或不做什么时，别人能相信我们。

③ 讲真话，尤其是在讲真话对自己不利的时候，更要这样做。

④ 一生中，在所有的问题上都要诚实，包括在工作上和与政府的关系上。

⑤ 独自一人时，要有勇气，当团体要我们做自己所拒绝的事时，要顶得住压力。

⑥ 不要矫揉造作，弄虚作假，但要显示出自己最佳的自然状态。

⑦ 用不侵犯他人权利的正当方法达到个人和集体的目的。

⑧ 在注重道德行为的场合，大胆表现自己。

⑨ 要有勇气承认错误。

⑩ 具有良好的体育道德，认识到虽然求胜的愿望很重要，但赢得胜利并不是最重要的。

⑪ 在与他人的交往中，要做到谦恭有礼，包括认真倾听别人的发言。

⑫ 要想自己所希望受到的对待那样对待别人，确认这项原则适用于对待所有的人，不分阶层、种族、国籍和宗教信仰。

⑬ 认识到没有一个人是生活在真空中的，那些看起来纯粹是属于个人范畴的行为，实际上常常会影响到自己周围的人或影响到所处的社会。

⑭ 牢记我们身处逆境时的表现就是对自己的意志和是否成熟的最好考验。

⑮ 不论干什么工作都要干得出色。

⑯ 爱护他人财产——如学校财产、企业财产、国家财产、共有财产。

⑰ 遵守法律。与法律抵触的行为必须是非暴力的，而且要接受法律的制裁。

⑱ 尊重言论自由，新文化出版自由、集会自由、宗教自由和进行正常法律活动的民主权力。认识到这个原则适用于我们所憎恨的演讲、我们所讨厌的团体和我们所鄙视的人。

⑲ 养成有益于身心健康的习惯，制止那些有害于达到这些目标的活动。

⑳ 避免产生性早熟的经历，形成与家庭生活准则相适应的对性的认识。

㉑ 认识到人生最重要的问题是自己将成为什么样的人，将具有的性格和道德品质。

从上述规范准则我们可以读出，人生存于社会关系之中，关系性是社会性的必需条件，交往则是关系性的存在方式。

在中国传统文化理论中，儒学认为人与人之间关系的合理关联在于“忠恕”，孔子说，“尽己之谓忠，推己之谓恕。”“己所不欲，勿施于人。”这是儒学“一以贯之”的至道。个人与他人之间的对等关联，通过忠恕来实现：所以有学生请教孔子“以德报怨，何如？”孔子明确表示不恰当，因为“以德报怨，何以报德”？如果以德报怨，拿什么报答恩德呢？公允的做法是“以直报怨，以德报德。”直，公正而合理，这才合乎人与人之间关系的情理。

（二）赖以获得生命的亲子关系

家庭关系是儿童所降生其中的最初关系，具有深刻的互为依赖性。依赖他人获得生命，并必须依赖他人得以存活、生长；人类生存的相互依赖性首先表现于亲子关系之间，人类的亲子关系，尤其是中国文化的父母子女之间的相互依赖是持续终身的。

1. 亲子关系包含着人类生存的大量内容

亲子关系是儿童最早建立的与他人的联系，并且这是依赖于他人获得生命的联系，因此这种关系对于儿童的深刻性是其他关系所不可比拟的，因为亲子之间的关系包含着几乎人类生存生长的全部内容：

①提供物质上的满足：父母被期望提供孩子在衣、食、住、行、育、乐及健康照顾等方面需求之满足。②提供情绪及情感上的满足：父母被期望满足孩子情绪发展方面的需求，并且爱他、给他安全感及情绪上的支持。③提供孩子环境刺激：父母拥有的各类资源，使孩子能够处于适当的自然环境、物质环境及社会环境中，以便发展其心智能力和社会能力。④协助孩子的社会化：教导孩子学习社会规范，以适应社会生活。⑤管教孩子，避免孩子表现不当行为。⑥保护孩子免于受身体的、情绪的、社会

的伤害。⑦表现适当行为，以供孩子认同。⑧促进家人之间的稳定互动：用接纳的态度协助孩子解决生活上的不适应、挫折和冲突。⑨让孩子在社区中有一种“定位”的归属感，让他知道他是谁、属于哪里，协助他达到自我认同。⑩做孩子与外在世界的中介，监护孩子的权益，避免他受到不公平的待遇。[①]

由此可见，父母满足儿童个体的生理需要、安全的需要、爱和归属的需要、情感需要和求知需要，从而使儿童个体人格健康发展。关系的深刻性和复杂性决定着影响的深刻性和复杂性，因此亲子关系与其他任何教育的关系相对而言，都要复杂得多、深刻得多。

2. 家庭教育关系以血缘为依据

任何一种社会交往关系都有内在的根据，成员间联系的根据不同，联系的方式不同，构成了不同的关系。比如邻里关系以居住地为根据，毗邻而居而产生交往；同学间的交往关系以上学学校班级为根据，在一个学校里共同学习而产生的交往；同事间的交往关系以职业为根据，在一个单位或在一种职业、行业中共同工作而产生的交往。家庭教育关系以婚姻为起点，以血缘为纽带而产生亲子关系，在一个家庭里共同生活，而结成的一种教育交往关系。家庭教育关系以血缘关系为基础，这种特殊的发生依据，使其与其他教育关系区分了开来。

因为血缘的联系，家庭教育关系更具长期性。马克思、恩格斯把家庭关系说成是一开始就纳入历史发展过程的一种关系，起初是唯一的社会关系[②]。自家庭关系产生以来，尽管出现了许多新的社会交往关系，但在历史的发展过程中，许多社会关系都消失了，或改变了形态，唯有家庭关系保留了下来，而且保持了它的基本形态和内核。在人类文明史上，迄今为止，无论哪一个地区、哪一个民族、哪一个国家、哪一种社会制度下都有家庭，也都有家庭关系。无论哪一个人，从生到死都离不开家庭，都在家庭中扮演特定的角色，和他人发生特定的关系。而家庭教育关系是以家庭关系为基础而产生的。由这一层面看来，当代家庭教育关系比一般交往关系更具长期性。

---

① 社会学新知识从书编辑委员会．家庭社会学．台北：黎明文化事业股份有限公司，1991：105.

② 张文霞，朱冬亮．家庭社会工作．北京：社会科学文献出版社，2005：7.

3. 家庭教育关系更具相互依赖性

和其他社会交往关系相比，家庭关系最密切、最深刻。家庭成员间全面的合作与互动，使他们之间不仅有血缘、姻缘关系，经济上相互利益关系，政治上的相互利害关系，日常生活中频繁交往和共处关系，还有情感上的深刻联系与持久的相互依赖性，这是其他任何一种社会交往关系所不具备的。因此，人们常常用家庭关系来比喻某种社会关系的密切，如“我们是一家人”等。正因为家庭关系密切而深刻，所以它对于人的影响是终身性的。而基于家庭关系产生的家庭教育关系，其教育者与受教育者之间的相互依赖关系是其他交往关系所无可比拟的，可以说相互依赖性正是家庭教育关系深刻性的重要体现。关系的质量对个体发展的影响巨大：因为这个人的存在而信任这个世界，这是教育关系最内在的成就，也就是教育的最重要的关系基础，因此家庭教育必须意识到与儿童的家庭交往质量。

（三）亲子依恋是儿童发展的重要机制

在发展心理学中，儿童依恋（attachment）特指婴儿与成人所形成的长久持续的情感联结。依恋本质上是个体赖以组织、发动对他人情感的行为系统，是一种融情绪、情感、态度及信念于一体的复杂系统，其进化与发展的基础是未成熟的儿童趋近父母的需要，其生物意义在于个体可以从中获得关爱、安全感等生存的“必需品”。

美国心理学家布朗芬布伦纳（Urie Bronfenbrenner）认为：人的发展是个体与其生活环境之间相互交往和影响的结果，而人的生态环境是由家庭、邻里、学校和社会以及它们之间的相互关系等一系列不同层次和结构的生态系统所组成的一个有机整体，每一个层次和结构不同的系统，因它与个体的相互关系的独特性而对人的发展产生特殊的影响。

如果个体从出生开始面临的教育环境是一个人的教育生态系统，那么，人从家庭早期教育到学校教育机构是一个大的教育生态改变。在家庭中儿童是在父母血缘亲情中学习社会文化和行为规则的，由于大部分父母的全力关照呵护，儿童一般都会形成以安全感、信任感为特征的健康的依恋感，这种健康的依恋感是人格发展形成最重要的基础，同情心、自制力、自主感、乐观、信任、积极、甚至责任心都是这种基本情感的衍生发展、迁移创生。

依恋对于儿童个体发展和发展的意义复杂而深刻，是个体发展和发展的重要“资本”。弗洛伊德认为，母亲是儿童生活中“独一无二的、无可替代的、坚实构筑的一生中最初也是最强烈的情感对象”。埃里克森认为，儿童出生后第一年的发展任务是确立基本信任感，对照料者母亲的依恋实质上是儿童对现实世界信任感的集中体现[①]。

安全型依恋的儿童在人际交往中主动、有兴趣、自信，变通性、适应力强，较能忍耐挫折、情绪稳定。而回避型、拒绝型的儿童则表现出强烈的不安全感、内心冲突、交往异常谨慎，并伴焦虑、自我失衡、易恼怒、自我控制能力较差、缺少热情等人格特征。

现代社会心理学还研究了依恋对儿童社会性发展的重大影响。表现为分离时的紧张和寻找，重逢时的愉悦和轻松，并对陌生人形成一种排斥倾向。依恋一般形成于婴儿出生 6 个月以后，这时的婴儿具备了“人、物永久性概念”，能将母亲（或父亲）视为探索环境的安全基地，当父母离开时则会产生分离反抗和焦虑。因此，强烈的相互依存的情感是依恋基本的内在心理表征，而寻求亲近则是依恋的核心与基本的外在行为表现。

依恋在本质上是个体赖以组织、发动对他人情感的行为系统，融情绪、情感、态度及信念于一体，因此儿童出生后第一年的发展任务是确立基本的信任感。儿童在亲子依恋中获得关爱、安全感等生存的必需品，对其社会生存的意义则是极为复杂而深刻的，它是个体探索外部环境、谋取未来发展的重要资本。

有学者指出：“依恋是儿童早期生活中最重要的社会关系，是个体社会性发展的开端和组成部分。”家庭早期建立起的亲子依恋与儿童日后的亲社会行为有着较高的相关，儿童对父母、家庭、教师、同伴群体依恋越强烈，出现道德不良的可能性越小[②]。

儿童在很小的时候就表现出与社会性发展相关的倾向，例如注意到他人痛苦、安慰、移情反应、同情、安慰。相关研究表明，在儿童出生的第二年，当别人在情感上表现出很明显的难过时，儿童不仅能够以相似的情绪偶尔作出哭泣的反应，而且还试着为对方提供安慰，例如拥抱或轻轻拍打，研究还表明儿童在出生后第二年就感觉到自己对他人是有责任的。因此家庭教育作为儿童社会性发展的最初环境，其教育关系成为儿童社会性

---

① 张文新．儿童社会性发展．北京：北京师范大学出版社，1999：195.

② 同① 65.

发展的动力环境，是亲社会行为或反社会行为的发生起源。

有研究表明，儿童早期的亲社会行为与以后的亲社会行为之间呈中等程度相关。学前期同胞之间形成的关系质量与儿童长大以后的行为之间相关联，而那些感知到自己从母亲那里获得的注意和爱不如同胞多的儿童，在童年和青少年时期容易表现出攻击性。父母的爱给予儿童情感上的安全需要是必要条件，因为情感安全有助于儿童的亲社会倾向的发展①。

心理环境恶劣、持续的家庭紧张是儿童反社会心理的基础。据研究，在产生人格不良的家庭中，存在着普遍的不健康的情绪气氛，也就是家庭紧张，这种家庭紧张主要表现为敌意、憎恨、怨气、经常的责骂、争吵，引起经常的情绪障碍。儿童在这种环境中，得不到正常的安全感、爱、温和，儿童变得充满敌意和恐惧，加上情绪的不成熟，构成了反社会行为、人格不良的基础。

三、优化教育关系就是优化家庭教育

（一）联系感的教育价值及建立

真正的教育一定包含着“关系性”这一基本属性。根据研究，在生命发展的不同阶段存在着不同类型的、和教育相关的情感体验。在生命早期，联系感、依恋感和归属感的体验对社会性的最初成长有着非常重要的意义②。联系就是“彼此接上关系”③。联系感包括人与人之间关系所发生的所有情感以及互动，而家庭应该从家庭关系开始，满足和培育儿童联系感的发展。

联系感是人类需要与他人建立联系的一种需要和与之相应的情感，但是得到联系感的满足，需要获得与人建立起联系的能力，这就涉及人与人交往、相处、利益分配的规则和习惯。例如孔子的“己所不欲，勿施于人”就是人际的总原则，“己欲立而立人，己欲达而达人”就是一种推己及人的关系，是人己互利互助的关系，是人与人持续保持联系的条件。“人己不可分”，这不仅是一个哲学命题、道德命题，也是世俗的现实命题。列宁对马克思主张的每个人既是“为别人存在”而“别人也是为他的

① 张文新．儿童社会性发展．北京：北京师范大学出版社，1999：308.
② 朱小蔓．关于学校道德教育的思考．中国教育学刊，2004（10）：32-35.
③ 现代汉语词典．北京：商务印书馆，1978：694.

存在”哲学理论进行了发展，“人人为我，我为人人”由此诞生。人与人同时存在并不就是代表真正的联系，除了一起从事某种活动，有身体接近外，更重要的是产生内心的安全感、亲密感和信任感。人都渴望与人，特别是亲近的人有心灵上的联系，当缺乏安全感时，人们大都会主动尝试以某种方式与亲近的人进行联系。

人的联系感是与生俱来的。但是如果这种联系感得不到发展，或者发展的情境出现偏差，那么，它就将错过发展的关键期。我们所熟知的“狼孩”即是典型案例，狼孩在孤儿院的几年间，没有感情，很长时间内对别人没有兴趣，经过长时间与人类接触，狼孩才慢慢学会与孤儿院院长的妻子要东西吃，这表示在他的心里已经开始对院长和他的妻子产生信任感和依赖感，这时狼孩的联系感才开始恢复。因此家庭在儿童最初几年中联系感的培养，承担着最重要的任务，亲子间的联系感也为孩子的联系感的发展奠定基础。

联系感的建立应从以下几方面着手：①培养愿意与他人沟通的性格。愿意与人沟通是形成联系感的先决条件，不愿意与人交往的人是很难与他人形成联系感的。②与家人分享每天的生活细节。与家人聊聊每天的奇闻轶事，所感所想以及面临的问题或困扰，不仅可以增进感情，加强了解，还能够增加心灵的契合度，使彼此更加信任、依赖、亲密。③将与他人和外界的联系视为自己生活的一部分。人是社会中的人，当他把自己与整个人类、世界联系在一起，所作所为不再以个人为中心，而是以大国大家为重，从而在内心形成高尚的道德情感。

（二）建立早期亲子依恋的良好机制

对不同阶段亲子依恋的研究显示，早期不同类型依恋的儿童其后发展的社会性和情感性模式也很不相同。安全型依恋的儿童在人际交往中积极主动，他们不仅能与抚养者建立起相互信任的关系，而且能在这种安全感的支持下饶有兴趣地探究周围环境，并对周围新奇的刺激做出敏感的反应。他们以成人为可靠的安全基地，不断地从周围环境中获取信息以满足自身的好奇心；在遇到威胁而使安全感受到损害时，返回父母身边寻求支持与抚慰；对于陌生人，也能友好相处，积极交往。在这种人际互动中，安全型依恋的儿童都表现出积极的心理品质与个性特征，这对儿童同情心的发展有着重要的意义，早期安全型依恋的儿童在后来的同伴交往中往往朋友较多，表现出较强的自尊心和同情心，同时攻击性低，在同伴交往中较少表现出消极反应。

与安全型依恋相对的是，回避型、反抗型的儿童总是被不安全感和内心冲突所困扰，不能深入有效地探索环境，难以与抚养者建立和谐的互动关系，难以与陌生人进行友好的交往，这种不安全型依恋的儿童是难以发展对他人的同情心和利他行为的。研究表明，安全型依恋的 2—3 岁儿童，在玩伴中有更强的人际吸引力，积极、利他行为比较多，而回避型、反抗型依恋的儿童常对同伴做出消极、攻击的行为，人际吸引力很差。对 4 岁儿童配对游戏的研究也发现，虽然冲突在所有儿童之间都是普遍存在的，但安全型组队的儿童能够很好地解决分歧，慎重地对待玩伴的不同意见，协商出公平的解决办法；而不安全型组对的儿童更倾向于相互挑战，靠武力解决冲突，往往最终以生气或赌气而结束游戏，显示出两组儿童友谊质量的差别[①]。

对人际关系的适应与问题解决的态度和方式，是个体发展逻辑起点，也是个体发展的重要构成，这是亲子依恋的教育影响机制所在。

（三）优化父母的角色示范

父亲与母亲对儿童的个体发展作用是不同的。虽然在一个家庭里，对一个儿童来说比较难分清楚有哪些影响来自母亲或是父亲，但可以肯定的是，由于父母的性别不同、家庭角色不同，其影响与作用也就不同。而且在儿童成长的不同阶段，父母角色的作用机制也是不同的。在儿童社会化前期，父母是子女的“重要他人”，是对孩子进行社会化教育的主体，父母的先赋角色决定了其个体社会化的功能是其他“重要他人”不可替代的。

1. 父母角色的儿童个体社会化功能

据有关研究，父母对儿童个体社会化的作用是这样的[②]：0～2 岁，母爱是中心环节，孩子易与母亲形成亲子依赖；2～5 岁，是父爱介入的最佳时期，父亲的功能是减少孩子对母亲的依赖，促进孩子的成长与独立能力，平衡家庭情感；如果此时缺乏父亲的参与，过度的母子情感联结使孩

---

① 侯晶晶，朱小蔓．诺丁斯以关怀为核心的道德教育理论及其启示．教育研究，2004（3）：36−43.

② 森武夫．犯罪心理学．邵道生，等译．北京：知识出版社，1982：84.

子变得幼稚和依赖；6～10岁，开始建立良好的家庭规则和代际界限，注重性别角色的培养；11～15岁，保持与孩子的界限并留出感情空间，以培养道德社会情感，对孩子的行为不再是用简单的是非判断，而要采用积极认同和理解的方法，鼓励孩子为自己的行为承担责任。而且，在家庭对儿童进行社会化的过程中，儿童并不只是被动地接受父母的教育，其自身也有一定的主动作用，与父母形成互动的关系。

更多的研究认为在家庭的教育中，母亲的职责更为重要。个体最初的行为意义是从与母亲互动中获得的，然后将模仿、习得的社会行为规范内化到自己的认知结构之中。从生物的自然法则来看，每一个人从胚胎发育到出生都是寄托在母体之内的，出生以后的哺乳期完全需要母亲的养护。不论从自然的法则来看，还是从社会发展的角度来看，母亲的作用都是十分重要的。父系社会存在的悠久性及中国传统的儒家思想的深刻影响，母亲的职责是在家相夫教子，尽管受家长制传统的制约，母亲在家庭中处于附属地位，但孩子的品德和人格的培养在很大程度上是受母亲影响的。

鲍尔贝的研究结果证明，出生后一年内丧失母亲的，智力发展迟缓；若是从出生以后三年当中长期断绝母子关系，幼儿的情绪就会畏缩并孤立；如果孩子在四岁左右时，担负母亲职责的人常有变化的时候，孩子就会形成极端的反社会性格，或者在人际关系上造成严重的缺陷。过早地失去母亲养育的儿童进入少年期后，如果没有良好的家庭环境和教育来矫正其儿童期所造成的缺陷，产生不良行为或者犯罪是不难理解的。有调查显示，一贯受母亲照顾的婴儿，比不是由母亲照顾的婴儿，有较多的社会性反应，而且在未成年以前失去母亲的儿童或少年，其身体发育、性格的形成、心理的发展，一般都存在着不同程度的缺陷①。

父亲的作用一般认为是在儿童期以后才特别重要。精神分析理论认为，超我的形成是由于与父亲自居作用而克服男孩亲母反父倾向（恋母情结）之际，吸取父亲的权威形象与禁止的机制所致。如果在儿童社会化的早期缺乏了父亲的作用，易导致儿童心理上的严重的缺陷。此外，在没有父亲的家庭，在家庭中缺少权威形象，母亲容易失去处理问题的正常能力，特别是在遇到重大问题需要解决时，母亲往往表现得优柔寡断，从

---

① 山根清道．犯罪心理学．张增杰，罗大华，李国秀，等译．北京：群众出版社，1984：212.

而使孩子感到失望和不满，对屡次出现的危机感到不安，缺乏安全感。而且，家庭中缺少权威形象，这对孩子尤其是男孩子的管教和监督以及性别角色的形成会变得更为困难。

人本主义心理学家罗杰斯（Carl Ransom Rogers）认为，父母对子女无条件的积极关注在儿童成长过程中十分重要。通过无条件的积极关注，儿童感到尽管他们可能有错误和过失，但总是处于被爱与认可的气氛之中，而这种爱与认可纯粹发于自然，不是他们必须努力才能争取得来的。因此，儿童在家庭中可以与父母建立起最初的亲密的感情联系，学习语言，并开始将父母的文化规范和价值标准内化到自己的人格结构中。

2. 重视关怀的教育功能

关怀伦理学兴起于 20 世纪 70 年代末 80 年代初的美国，经过 30 多年的发展，成为重要的伦理学流派，其中最具系统性的理论当推美国教育家内尔·诺丁斯以关怀为核心的教育理论。诺丁斯的关怀教育理论强调对儿童生命的尊重、对儿童体验和感受的重视、成人榜样作用和教育的实践性特征，提出了教育的四种方法，以身作则、对话、实践和认可。

在家庭教育中，关怀首先是示范、榜样，父母的作用不在于监督儿童遵守规则，关键在于以身作则。规则并不是最高准则，而是关心儿童的体验。没有被关怀的体验，儿童只会以冷漠的理性去待人接物，很难产生关怀的冲动，所以关怀本身很重要，父母对儿童的关怀态度具有道德催化之功。

其次，认真与儿童对话。父母不仅要在意儿童说了什么，更要思考他为什么这么说、这么想。父母要无选择性地聆听儿童的心声，对话的时间可能是短暂的，但对话的主题应无禁忌，而且儿童真切感觉到父母很认真地在聆听自己说了什么。

再次，帮助儿童学习掌握关怀的基本技能。对儿童的关怀实践可以是多种多样的，在亲子关怀中，儿童学习关怀需要掌握一些基本技能，必须通过实践行为学习关怀，诺丁斯将这个过程称为关怀实习。关怀能力和科学知识一样是有价值的，需要为儿童提供在家庭和社会情境中丰富真实的关怀实习的机会。

最后，认可、鼓励儿童的关怀。认可是一种积极评价，儿童丰富的体验所获得的感觉是个体发展的重要力量，认可是现实性和理想性的最佳结合点，它之所以重要，是因为每个人与生俱来的自我认同心理都很脆弱，需要作为教育者的家长温情地、创造性地介入、鼓励才能巩固和发展[①]。

儒学主张人伦关系的双向互构，在良好的人伦关系中，必要的条件是双向的。《礼记·礼运》指出："何谓人义？父慈，子孝，兄良，弟悌，夫义，妇听，长惠，幼顺，君仁，臣忠。"这是具有最普遍意义的人伦关系的双向对等互构，慈、良、义、惠、仁与孝、悌、听、顺、忠互为条件、相互依存，构成社会和家庭最基本关系的和谐。从关怀理论看，儒学的人义是基于家庭关怀建立起来的，对现代家庭教育极富启示意义。

3. 形成良好的亲子应答关系

人类的早期学习，大部分是通过无意识方式、情感方式发生的。个体发展的基本部分发生在人生早期对理性的理解之前，情感的、体验的、不断重复而成为自动反应的那一部分，都属于非理性范畴的，因此家庭教育的重要内涵之一是创设良好、丰富的情感环境，促进儿童早期基础性人格的良好发展。

基于大脑无意识机制的、以情感生成为核心的学习，其外在形态是人与人之间的联系与互动。这种人际联系的质量，则以情感联系与互动及应答质量为主要指标。弗洛伊德指出，儿童早期经验和学习奠定的对周围、对他人的基本态度、基本情感及价值应答，将持续地、深刻地影响人的整个生命过程中对他人的基本态度、基本情感及价值应答。人类基因所携带的趋向和谐的人格潜质是否能够得到发展，取决于儿童最初的社会关系的质量，而亲子关系是儿童与他人建立的最初关系，亲子之间的互动与情感应答在很大程度上决定着儿童早期学习的质量。因此家庭教育原理怎样作用于儿童的早期发展，父母对儿童提供怎样的情感应答至关重要。

在家庭关系、尤其是亲子关系之间，又尤其是儿童早期的亲子关系之间形成的应答质量如何，直接影响儿童的社会性情感发展。有学者[②]指出，家庭应答包括心理应答、认知应答、行为应答，在心理应答中，父母的情感应答是作用原理的核心要素，"比较好的情感应答包括关爱和呵护、肯定和鼓励、期待和信任、严谨和严格、容忍和宽容；在行为应答中，柔和

---

① 侯晶晶，朱小蔓. 诺丁斯以关怀为核心的道德教育理论及其启示. 教育研究，2004（3）：36-43.

② 朱小蔓. 情感教育论纲. 北京：人民出版社，2007：8.

的关系、柔和的目光是最重要的家庭德性影响条件。家庭成员之间的应答方式与应答质量，也直接作用于儿童的关系性感受。因此家庭冲突对儿童的感受，其影响深刻而持久。“家庭冲突经常、公开地出现，儿童就会比离了婚的父母有一个相对比较和睦的关系时，显示出更多的行为问题，如侵犯、缺乏自我控制”，“比起离婚，冲突对儿童有更持久的有害影响”[①]。

人类婴幼儿研究、脑科学研究不断地发现，人当有人际情感信息的沟通，有恰当的情感应答关系时，才能够产生诸如联系感、依赖感、安全感、对情绪反应的敏感性、同理心等，这些对人格形成非常重要的情感条件。因为人与人之间的连接是由情绪信息沟通的，所以有什么样的情绪应答关系，就会决定人能否产生有助于积极心理形成的一些情感。

在 1998 年美国夏威夷的国际会议中，中、美、日三个国家的研究人员不约而同地都触摸到了人的教育和情绪的关系。有研究推测，人的锤骨、镫骨、砧骨这三块骨发育是最早的，所以胎儿的听觉应该是特别灵敏，比较早地通过听觉系统输入信息，会对他的联系感、依恋感有影响。当然，安全感、依恋感（比较健康的），有赖于一个比较好的情感应答关系。在家庭里，情感应答主要是监护人、养育人、父母，如年龄比较小的孩子，对妈妈的面孔非常熟悉，最容易识别母亲的面孔；在学校里，情感应答最重要的是教师，学生很喜欢面容和善的教师，也比较喜欢听柔和的、友善的声音[②]。

---

① 默森，康杰 . 儿童发展和个性 . 缪小春，刘金花，译 . 上海：上海教育出版社，1990：437.

② 朱小蔓 . 情感教育论纲 . 北京：人民出版社，2007：55.

第五章

家庭教育的生活性原理

一、生活世界的教育原理

家庭教育的生活性原理，源于家庭本身这个生活世界的教育原理。而生活世界理论[①]是胡塞尔在他晚年的一部重要著作《欧洲科学危机和超验现象学》中提出的。生活世界概念有三种含义，一是狭义的生活世界概念，指日常的、知觉给予的世界，即日常生活世界；二是特殊的生活世界概念，指人们各实践活动领域所构成的特殊世界；三是广义的生活世界，指与人有关的一切世界[②]。在胡塞尔看来，“生活世界”首先意味着朝我们涌现、发生的直观对象的总体，是所谓“自然态度中的世界”。生活世界是“作为唯一实在的、通过知觉实际地被给予的、被经验到并且能够被经验到的世界”[③]。

① 李文阁．回归现实生活世界．北京：中国社会科学出版社，2002：92−115.

② 张庆熊．熊十力的新唯识论与胡塞尔的现象学．上海：上海人民出版社，1995：51.

③ 胡塞尔．欧洲科学危机和超验现象学．张庆熊，译．上海：上海译文出版社，1988：58.

（一）生活世界的特点

胡塞尔认为生活世界具有如下特点。

第一，非课题性。“非课题性”与“自然态度”有关，它是指我们在自然的观点中直接面对现实世界，将现实世界的存在看作是一个毋庸置疑的、不言自明的前提，不将它看作问题，不把它当作课题来探讨。

第二，奠基性。“生活世界的自然态度”“客观科学的态度”与“哲学的反思态度”需要相区别。生活世界的态度要先于其他的态度并构成其他态度的基础，换言之，其他的态度都奠基于“生活世界”的态度之中。每个人的人生目的都以生活世界为前提。生活世界是人类进行科学探索和哲学反思的基础。

第三，直观、外显性。胡塞尔把生活世界称为“原则上可直观到的事物的总体”，“直观”则意味着非抽象的、日常的。因此，生活世界是一个直观的经验的世界，随经验主体的不同而具有相对性，它可以是相对于一个个体的人而言的世界，也可以是相对于一个集体的人而言的世界。

生活世界还有预先性、完整性和不言而喻性。生活世界是一个始终预先被给予的，始终预先存在着的意义世界。完整的个人的生活世界是各种成分相互交融、结为一体的。生活世界是自然存在、不言自明、无须论证的。

胡塞尔这一理论开生活世界理论之先河，后人有关生活世界理论的阐述都是对这一生活世界理论的发展、补充、完善。作为胡塞尔的学生，海德格尔继承了其师关于“生活世界”的思想，并把它扩展为以人为中心、人与世界充分交融的“场”，明确了作为人与世界合二为一的“生活世界”的存在论意义。

西方新马克思主义的代表人物，德国人哈贝马斯的“生活世界”概念的提出为交往行为营造了一个对话与交往活动的空间。“生活世界”就是人们在沟通中达成相互理解所必需的共同的背景知识。马克思的生活世界是建立在实践或对象化活动的基础上，是人生活于其中，可以为人的经验所证实的现实生活世界。他认为，“‘生活世界’就是‘人的实际生活过程’；‘人们的存在就是他们的现实生活过程’。”[①] 因此，马克思主义的现实

---

① 马克思，恩格斯．马克思恩格斯选集：第一卷．中共中央马克思恩格斯列宁斯大林著作编译局，编译．2版．北京：人民出版社，1995：72.

生活世界至少包括以下两方面的内容：首先，生活世界是指现实人的生活，生活世界的实质就是人的生活；其次，实践活动是生活世界的现实基础。

从人类教育演进史来看，教育的初始状态伴随于氏族、家庭，与生活一体、与生产一体，时间过程长达百万年之久，直到出现学校。随着社会分工的日益细化，家庭教育的功能部分地转移到了学校，如识字习文、谋生技能训练等，基本由学校教育承担，家庭的教育仍然以它“日常生活世界的教育”继续着它的教育功能，直至今日家庭教育仍然是与生活一体的。正因为如此，家庭教育影响儿童发展的原理是生活性的，家庭教育具有生活世界教育发生的全部特征。

归纳起来，日常生活世界是一个自在的、未分化的、自然而然地运行的领域。从内在结构和基本图式上看，第一，它是一个重复性思维和重复性实践占主导地位的活动领域；第二，它呈现出经验主义的主导倾向，主要凭借传统习俗、经验和常识而自在自发地运行；第三，它表现出强烈的自然主义色彩，主要由生存本能、血缘关系和天然情感加以支撑与维系；第四，它表现为一个自发组织、自发运行的系统，其中，起重要作用的是家庭、自在的观念与宗教①。

（二）家庭教育的生活化属性

有学者指出，教育的特征之一在于它的情境性，情境具有教育不可缺失的重要机制。与科学理论知识不同，道德知识的对象不是实体的物，而是人的关系和行为。从某个角度说，道德知识可以被认作是一种“未饱和”的知识，只有通过实践才能达到它的饱和与完成，例如一个人知善不一定行善，知与行不是直接的、必然的联系，“知”并不是完成教育的充分的条件。人的发展并非是在知识支配下的纯理智活动，尤其是被普遍化、客体化的知识难以促成人的发展，教育决不能缺失它的情境性，尤其是家庭教育②。

而现代的学校教育过程在现代性的背景下，逐渐分化“成为单一的知识获得过程，它传输的是被普遍化和客体化了的知识，这种知识追寻有逻辑体系的知识，追寻抽象的概念、规范、规则，成了一门系统的、

---

① 衣俊卿．回归生活世界，凸显现实关怀．中国图书评论，2006，8（8）：51−54.

② 鲁洁．边缘化　外在化　知识化：道德教育的现代综合症．教育研究，2005：（12）：11−14.

科学的、有深度的学问，忘记了它原本来自生活，走上普遍化、客体化的知识化之路，是根本背离了知识和教育的本性”。个体发展只有在真实的生活中才能真正有效地发生，因此教育不能离开其他活动而独立存在。

二、家庭教育拥有完整的生活世界

（一）作为生活世界，家庭教育具有整体性

“惟初太始，道立于一，造分天地，化成万物”。家庭教育是整体的，整体的就是相互依赖的。教育不能离开其他活动而独立存在，家庭教育在人类生活的整体状态下进行，家庭教育是生活的，生活的就是情境的，就是整体的。

整体性是一种生态的机制。生态一词源于希腊语“oikos”，原始词义是“住所”“家务”或“生活所在地”，生态系统即指由生命系统和环境系统构成的有机的自然整体。生态性确认一切事物和现象之间有一种基本的相互联系和相互依赖的关系，生命系统和环境系统的相互作用形成生态的动态平衡[①]。“就个体发展而言，‘家’这个‘生活所在地’构成了与个体发展条件高度一致的生态体系，作为生存方式传递的家庭教育，具有整体的、生活的、情境的、重复的、暗示的、非征服的属性”[②]。

家庭生活的特点是家庭成员相处时间长，在地理空间上很接近，互动频率很高。人类生存的情境在家庭条件下浑然一体，完整地呈现，家庭亲代和子代之间通过示范与效仿不断重复和延续着人类的社会生存方式，而家庭教育的示范与效仿借助非正式的、非技术的、暗示的、无痕的原理得以完成。

哈贝马斯认为，作为一个尚未分化的世界，相应于一个具体的人的情感、认知、意志各个方面的需求而发展的各种目的、主题、趣味等，都可在互不排斥的同时存在于并交融于这个世界之中，而绝不会有一个特定的主题可以成为一个绝对的存在，事实上根本就没有一种经验方式可以独自说明这个世界，与之相反，所有的经验方式或解释方式却可以同时并存于

---

① 金炳华．哲学大辞典：修订本．上海：上海辞书出版社，2001：1306.

② 赵石屏．当代家庭教育的社会科学理论基础研究．重庆市教委人文社科课题结题研究报告，2006.

这个世界之中[①]。在共同生活中，每一个人都有可能参与到他人的生活中，在这种参与中，人与人之间的“交往”得以充分而“真实”地展开。这正是家庭教育的生活性和整体性使其较于学校教育而言，在儿童个体发展方面更能发挥作用的深刻原因所在。

个体发展更多地需要借助人际关系的亲密性，教育方式的无痕性，学习过程的随机性，教育情境的生活性，几乎所有这些条件，家庭教育在整体上具备的程度更为充分。因此在现代，家庭教育对个体发展的整体影响，远大于对个体知识能力形成的影响。

（二）作为生活世界，家庭教育具有自动发生性

家庭是人类生存的最基本、最稳定的生活单位，拥有完整的生活世界元素。家庭教育拥有整体的、生活的、情境的、重复的、暗示的、非技能的、非征服的属性，构成与个体发展条件高度一致的教育机制。胡塞尔提出“科学世界”的概念与“生活世界”相对，科学世界源于生活世界，并在生活世界中逐渐生长、发展，然后抽离于生活世界，是以“数学的方式构成的理念存有的世界”[②]。换言之，科学世界是对生活世界的抽象和理性化。

“生活世界”是一个非课题性的世界，是我们直面的现实世界，是自然存在、不言自明、无须论证的，是人类进行科学探索和哲学反思的基础[③]。哈贝马斯则认为，生活世界是一切事物存在的背景，是“没有人能够任意支配的背景知识”[④]，在生活世界中受到的教育是人类最具本质意义的教育，它是一切人类教育活动的本源基础。

赫勒（Agnes Heller）将人类的现实生活世界分为日常生活领域和非日常生活领域，前者代表个体再生产领域，后者则构成社会再生产或类的再生产领域。日常生活由三个层面构成，一是个体生命生存的基本活动，即基本的衣、食、住、行等维持生存的活动。二是以人际关系为纽带的社会

① 张廷国 . 胡塞尔的“生活世界”理论及其意义 . 华中科技大学学报（人文社会科学版），2002（5）：15-19.

② 胡塞尔 . 欧洲科学危机和超验现象学 . 张庆熊，译 . 上海：上海译文出版社，1988：58.

③ 同② .

④ 陈学明 . 二十世纪哲学经典文本：西方马克思主义卷 . 上海：复旦大学出版社，1999：481.

交往和人际交流活动，在这种活动中，逐渐领略、体验和习得交往技能，发展起初级的社会关系。三是伴随着各种日常活动的日常观念活动，是人们对自我和他人的认识活动[①]。“日常生活”的特点是自发性、重复性和习惯性。

赫勒指出日常生活教育有几个特点，首先它是凭借日常生活的习惯系统得以实现的，这种教育具有“濡化”的特点。其次，日常生活的教育是人们在日常交往活动中实现的，这种日常交往是以日常语言为媒介，以血缘和天然情感为基础的交往活动[②]。再次，日常生活的教育是促进个体的生命发展的基本的、主要的活动，是“人的教育”的基础，个体的生命发展是其他方面发展的前提，人们正是在这些衣食住行等日常活动中发展了生命中最基本的部分。此外，“日常生活教育”还具有传统性、自发性和异质性[③]。

从赫勒“日常生活教育”的特征来看，家庭教育正是对儿童的日常生活教育。家庭是儿童置身的第一个人际关系场，也是最初的生长环境，个体在其中从事着生存和发展的基本活动，在家庭的交往活动中逐渐发展起初级的社会关系。家庭教育作为一种生活世界的教育，尽管由于其自在状态、感性特征，呈现出离散、杂乱的形态，构成了哈贝马斯所言的“灌木丛”，但也正因为如此，家庭教育在可感知到的活生生的生活现实中发生，儿童时时触到作用于人的对象，目睹种种清晰可见的生活图景，耳闻生活中的生存规则和文化习俗，儿童就在这种状态中接受了生活世界给予的生存法则。

家庭是日常的观念活动、交往活动等个人生活的直接环境，是人类的一种天然共同体，家庭生活是旨在维持个体生存和再生产的活动，其中最为基本的是衣食住行、饮食男女等以个人的肉体生命延续为目的的生活资料的获取与消费活动；婚丧嫁娶、礼尚往来等以日常语言为媒介，以血缘和天然情感为基础的个人交往活动。

家庭既是一种社会组织，也是一种生活过程，是人类的基本生存形态的集中和浓缩。家庭教育活动在家庭的生活世界中建构和发展。家庭教育

---

① 靳玉乐，李森．现代教育学．成都：四川教育出版社，2005：124.

② 项贤明．泛教育论：广义教育学的初步探索．太原：山西教育出版社，2000：280.

③ 同① 125.

活动的参与者，家庭亲代和子代也是在生活世界中获得发展的，教育实践不仅建构了教育的生活世界，也促成了人在教育生活世界中自我发展的实现，自我生命价值的实现；儿童在其中的学习，既是未来生活的准备，也是生活本身的过程。家庭教育始终保持着对儿童生活性、情境性、整体性的影响和作用。

（三）作为生活世界，家庭教育具有重复性

家庭生活包括人类维持生存的衣食住行等基本活动，以亲子、血缘为纽带的交往活动，以及日常生活的观念活动，其特点是直观性、重复性、经验性和习惯性。生活世界先天地就是对人的最基本的教育，教育者在日常生活状态下非自觉地完成“示范”，受教育者也是在日常生活状态下非自觉地“效仿”。从家庭子代降生开始，家庭教育就这样凭借与生活的一体性，凭借生存方式日复一日地重复，塑造其经验和行为，人类子代在家庭生活中完成了生存方式最基本的部分。家庭的生活就是多个生命活动的周期性的重复，包括代际的重复，从子代降生，成长，到为人父母，之后成为祖辈，是生命传递过程的重复。生活情境的重复，以年为周期的重复，以日为周期的重复，以节假日为标志的重复，早出暮归的重复……心理学研究表明，一种联结发生的频率对人的行为有重大影响。儿童日复一日、年复一年所置身的家庭生活，其行为方式、情感体验、价值取向经过反反复复的一再重复，必然建立起稳固的心理联系，形成对世界和周围的稳定的反应。

1. 日常生活世界即“每天如此”

作为人的生活的一个基础性领域，日常生活有自己的特点：“日常”就是每天如此，“这种‘每一天都发生’的无条件的持续性，是一组日常生活的特征”[①]，日常生活具有重复性。“每一天都发生”的是生活者的活动，生活者活动的反复发生，必然投射到其整个人格与个性的生成中。日常生活在人格和个性生成中所投射的影响主要是“重复性思维”与“行为的习惯定式”。重复性的日常生活思维是一种自在的经验思维，是从日

---

① 伯格．通俗文化、媒介和日常生活中的叙事．姚媛，译．南京：南京大学出版社，2000：179.

日重复的活动模式或解决问题的方式中沉淀而成的具有“倍性”的思维方式，是“天然的常识”或“成见的体系”[①]。而行为的习惯性既是日常生活的特点，也是在日常生活中形成的，“正是我们发现我们置身其中的各种情境所具有的这种相对常规性，意味着我们的行为也具有相对的常规性”[②]。“常规性的行为”就是经重复而形成的习惯。日常生活中养成的种种习惯是牢固的，因此，有学者说：“日常生活先天地就是对人的最基本的教育。”[③]

生活世界具有不言而喻性，日常生活世界中的学习是一种“后学习”。“后学习”是一个潜在的不言而喻的过程，几乎不被人的意识注意到，更少受到监控。儿童“后学习的过程，很少是在教育者的有意识控制之中”[④]，日常生活中父母对子女人格的影响很大程度上是在他们有目的的活动之外，在他们的意识控制之外发生的，这与有关学者所提出的暗示与接受暗示作为个体发展的基本机制是一致的。

“无形间受熏陶感化暗示而来的”“无意间不自觉地得来的”[⑤]，在具有重复性和连续性的日常生活中形成的教养，正是人接受暗示和进行非反思性选择的累积结果。通过这种累积而形成的人的思想方式和行为模式具有稳定的、常规的性质，成为一种自动化的思想和行为反应方式，具有“第二性”的性质，即后天形成的人格特性。

家庭成员在地理空间上充分接近，接触方式是面对面的，成员之间的互动频率很高，成员之间的控制和影响是非正式的。从时间上看，家庭成员相处的时间最长，几乎保持着终身的接触和相互依赖，构成行为机制发挥作用的充分条件。人类生活方式在家庭条件下浑然一体，完整地呈现，且日复一日、年复一年地不间断地重复。

2.“习以性成”的重复性机制

儒家教育思想强调儿童早期的学习主要是社会规范习俗的熏染，潜移默化，习以性成，而至内化。并非常重视通过重复机制促进儿童的行为

---

① 赫勒．日常生活．衣俊卿，译．重庆：重庆出版社，1990：54.
② 涂尔干．道德教育．陈光今，等译．上海：上海人民出版社，2006：49.
③ 项贤明．泛教育论：广义教育学的初步探索．太原：山西教育出版社，2000：280.
④ 鲍曼．个体化社会．范祥涛，译．上海：上海三联书店，2002：154.
⑤ 贺麟．儒家思想的新开展．北京：中国广播电视出版社，1995：446-447.

养成，家庭教育重视“习以性成”，重视不同教育阶段的个体发展任务。朱熹主张在儿童早期学习阶段“教以事”，即“教以洒扫、应对、进退之节，礼、乐、射、御、书、数之文”，然后再“教之以穷理、正心、修己、治人之道”。朱熹尤其强调儿童个体发展的初始，从小事、琐事做起，由小见大，首先学习“洒扫、应对、进退之节，爱亲、敬长、隆师、亲友之道”。

朱熹编著的《童蒙须知》，全书共分为“衣服冠履”“语言步趋”“洒扫涓洁”“读书写文字”“杂细事宜”等五个部分，对儿童的衣着、言行、读书习字、清洁卫生、接人待物等行为规范，作了具体而详细的规定[①]。王夫之认为“习”在人性的发展中起着重要作用，孟子言性，孔子言习。性者天道，习者人道。重视行为训练旨在养成，养成的教育机制依靠的是行为的模仿和重复。

三、生活性原理使儿童的学习必然发生

家庭生活世界是儿童接受最初的教育的一个奠基性世界。生活世界中学到的知识，哈贝马斯称之为隐含的知识、背景知识。胡塞尔说，生活世界是一个始终在先被给予的、始终在先存在着的有效世界，这种有效不是出于某个意图、某个课题，不是根据某个普遍的目的。生活世界人们生活在其中，但并不意识其存在。人们在家庭生活中，对家庭所发生的生活世界，并不持客观的、哲学思辨的态度，而是生活世界的自然态度，直观的、经验的世界和态度。

（一）家庭生活情境使儿童的体验与认识必然发生

1.“体验”的哲学意义

“体验”是多学科研究的对象，哲学、心理学、美学和文学等学科对体验问题研究颇多，近年教育学领域也开始了对体验的探索，站在不同的学科角度，对体验进行不同的描述。哲学上的“体验”具有本体论和认识论的意义，是指个体生命对其人生意义和生存意义的深切领悟，是构成精神世界的基本细胞。德国哲学家狄尔泰是赋予“体验”以本体论含义的哲

---

① 黄济．教育哲学通论．太原：山西教育出版社，1998：93.

学上的第一人。他认为，世界的本体不是理性、不是实证主义那种精神的实在，而是活生生的、感性的、个体的生命。

个体的生命总是与情感、希望、想象、冥思、回忆、欢乐、痛苦等内在感性活动紧密相连的。说一个人活着，就是说他在希冀着、欢乐着、痛苦着，也就是他在体验着。生活，生命，也就意味着体验。体验是与生命范畴相通的，生命的进程是不断延伸、不断推进的“现在”，但“过去”会作为某种力量仍然对现在发生作用而并不丧失意义，因而具有统一性的生命的意义在“现在”所形成的一个单位，就是最小的单位，狄尔泰称之为“体验”。

体验是当下的、直接的给予，“是感性个体把自己的知识与自己的自我存在与生活世界及其命运的遭遇中所发生的许多具体的事件结为一体。”① 在体验一个事物时，可以立刻把不同的内在过程结合在一起，并最终使之形成一个活生生的统一体，也就是说，所有的心理过程在体验中得以运行在一起。在体验中，具体事件被心理生命的整体所支持，而所有的心理生命都属于当下的、直接的体验。“心理生命是作为当下的直接所予存在于每个人的体验中，它首先是作为一种关联、作为一个整体出现于体验中。”② 生命就是在体验中所表现的东西。每一体验都是在生命的展开中产生，并且同时与其自身生命的整体相连。“体验是生命的体验，离开了生命，体验就失去依托；人生是体验的人生，离开了体验，人生更晦暗无明。体验是人生的确证，只有在体验中，人生才能保持它的丰富性和多样性，才能充分显示它的诗意和灵性。”③

狄尔泰的一个本体论转向是将教育纳入了人的教育的轨迹，恢复了教育一词的原始本意。“教育”一词，在英语中有“抚育、自我生成”的意思，在德语中则有“引导、唤醒”的意味，对失掉人自身这一目的，所谓外界追索、客体追求、手段中介进行了文化哲学的否弃。他认为所谓教育意在人的自我生成不是先验的，而是历史的，不是理性的演进，而是人类感性的不断积淀。“教育意味着人的一种极其深刻的精神变革。”人不仅生活在一个物理世界中，而且更生活在自己赋予了意义的自我世界中。

生命本身作为一个相互关联的整体而存在。因此，狄尔泰致力于将

---

① 刘小枫．诗化哲学．济南：山东文艺出版社，1986：179.
② 李超杰．理解生命：狄尔泰哲学引论．北京：中央编译出版社，1994：77.
③ 崔文良．审美人生论．北京：中国人民大学出版社，2002：4.

知、情、意三者结合成一个新的网络系统，使主体成为知、情、意不可分离的真正主体——整体的人，他的体验充满了人的知、情、意整合的生命意味和血肉灵性的总体人生感。狄尔泰使传统教育中的单一的“知的教育”变成知、情、意全生命的活生生的教育，从而把“总体的人”推到教育理论的前台。狄尔泰的生命体验哲学从哲学的高度阐释了体验的内涵，赋予体验以本体论意义，为体验的教育价值提供了哲学基础。

普通心理学认为体验是主体的意识内容的直接的、经常是情绪的形式，是人对情绪或情感状态的自我感受①。超个人心理学关注的是日常生活的神圣化、最高的觉知、最高人际知遇等“神秘体验”②。人本主义心理学注重的是个人“自我实现”中的内心体验，其代表人物马斯洛提出了“高峰体验”。创造潜能的发挥或自我实现能给人以最高的喜悦，称为“高峰体验”。值得强调的是，人本主义心理学对人的体验的发掘和研究为体验的深化做出了巨大贡献，特别是以马斯洛、弗洛姆、罗杰斯为代表的人本主义心理学家，在正常人体验的内在性和患者体验的特异性方面的研究，成为体验重要的哲学和科学基础。

在教育实践方面，美国一些教育心理学家提出“经验学习”（experiential learning）。这里的经验，就偏重于“体验”。杜威“生活即教育”“在做中学”的教育思想强调儿童和儿童的经验的亲历性和真实性，已经包含体验的理念。在马卡连柯的《论共产主义教育》和《教育诗》中，在苏霍姆林斯基（B. A. Cyxomjnhcknn）的《帕夫雷什中学》和《把整个心灵献给孩子》等经典教育著作中，都蕴藏着丰富的情感、体验教育的积极探索。

体验是人对社会生活的整体性参与，是个体生命对与其人生意义和价值相关的生存活动和事件的深切领悟，是儿童对生活意义和价值的个人感悟。儿童在家庭生活情境之中，体验学习必然发生。只要情境存在，体验的发生就是必然的，这种体验不仅发生于当时当事，而且会持续相当长的时间，甚至终身。从这个意义来看，体验既是“人的生存方式，也是人追求生命意义的方式”。在家庭情境中，体验以在认识中和心理过程中所积累的经验内容为对象，并对经验带来有感情色彩的回味、反刍、体味③。

---

① 彭聃龄．普通心理学．北京：北京师范大学出版，1988：436-437.

② Sutich A J.Some considerations regarding transpersonal psychology.Journal of Transpersonal Psychology，1969（1）：11-20.

③ 童庆炳．现代心理美学．北京：中国社会科学出版社，1993：54-55.

2. 直觉是儿童学习的重要途径

在社会规范的教育方式方面，中国传统教育总结出一套行之有效的方法，那就是诉诸内省、谋求自我净化、安人先安己，少用言传，多用意会，“神而明之”等内省、直觉的方法，对教育理论和实践的贡献巨大。

法国哲学家亨利·柏格森（Henri Bergson）是生命哲学的主要代表，他以提倡直觉体验认识论而闻名，尤其在对直觉研究范畴的把握方面。柏格森把直觉从一种心理能力变成一种哲学方法，带来了哲学史上的一次变革。在柏格森的眼里，哲学史上的一切有价值的东西，都是哲学家应用直觉的产物，近代科学的一切伟大成就也是直觉体验的结果，知觉在艺术活动中起着很大的作用。他试图通过对直觉理论的阐述来揭示生命的奥秘，使生命过程真正成为在纯粹绵延中展开的、具有无限生机和创造力的过程。

在柏格森的认识论中，直觉是一种认识能力，也是一种认识方法。他给直觉下过多个定义，其中一个是：“这里所说的直觉，是指脱离了利害关系的，具有自我意识的本能。它能在对象上反思自身，并且能无限扩大对象的范围。”[①] 另一个是：“所谓直觉，是一种理智的交融，这种交融使人们置身于对象之内，以便与其中独特的、从而无法表达的东西相符合。”[②]

可见，直觉一词在柏格森学说中有两个不同的含义：一为本能，一为直观。前者（本能）作为一种认识能力，是动物生存的一种手段，后者（直观）则是人类特有的一种认识活动。

直觉是理智的交融。“理智的交融”指的是一种超出正常的感性、理性之外的内心体验，因此柏格森又称之为“理智的体验”，认识者用心灵去感知对象的内在本质。直觉是心灵直接接触、把握对象的内在本质，是意识的内向运动，是心灵向内的观照与体验，是内心对实在的直接领悟和体验。直觉直接引导我们达到生命的深处，使我们进入本原的世界，使自己的生命深深扎根，去感受生命的灵魂搏动。

柏格森认为理智是心灵对物质的关注，和生命本身行进的方向相反，只能使我们停留在事物的外部，无力把握真正的实在。唯有直觉，它是心灵对自身的关注，能使我们深入事物内部，达到绝对的领域，因而成为把

---

① 柏格森．创造进化论．王珍丽，余习广，译．长沙：湖南人民出版社，1989：211.
② 柏格森．形而上学导言．刘放桐，译．北京：商务印书馆，1963：3-4.

握真正的实在的唯一方式。直觉能力尽管是潜在的，但也是普遍的人类天赋的组成部分。通过直觉所获得的知识，是整体性、连贯性和流动性的知识，它没有经过理智的分割，是个体的、个别的、直接的和活生生的知识。

柏格森关于直觉、体验的论述，侧重于认识论的范畴。这对于家庭生活世界的教育发生的途径，具有直接的解释作用。

（二）家庭生活世界使教育示范与效仿必然发生

1. 社会学习理论

社会学习理论是在行为主义的基础上发展起来的，主要代表人物是美国心理学家班杜拉。班杜拉认为，人的社会化过程是一个学习的过程，是环境、行为与人三者交互作用的过程。个体社会化的过程，是个体的社会行为练习得到强化而发生效果的过程，是个体借助于内部因素与环境相互作用的过程。社会行为通过学习获得，通过学习加以改变。决定儿童社会行为的是环境，即社会文化、外部条件、榜样、强化等。

观察学习是班杜拉社会学习理论的核心概念，强调通过观察他人（榜样）所表现的行为及其结果而习得新行为。观察学习的过程包括四个下位过程：注意过程、保持过程、运动再现过程及强化和动机过程。强化分为外部强化、替代强化和自我强化三种。外部强化是对学习行为的一种直接强化；替代强化是一种榜样替代的强化；自我强化是依据自我评价的个人标准对自己的行为进行的自我肯定或自我批判。班杜拉特别重视替代强化和自我强化对行为控制的作用。他认为，儿童自我评价的个人标准依靠直接教学或榜样的示范而确立，榜样对儿童的个体社会化具有极重要的意义，父母是儿童主要的示范榜样，其威望、权力等在一定程度上决定着儿童个体学习的速度与水平[①]。

2. 生活性原理使示范和效仿必然发生

示范与效仿是“教育”最原始的内涵，也构成教育的重要途径，也是人类生存方式传递得以可能的主要机制，家庭教育尤其如此，没有示范与效仿也就没有家庭教育。除了溯源考察、行为生态学视角的考察、对人类

① 时蓉华．社会心理学．上海：上海人民出版社，1986：99.

语言功能的追溯，示范与效仿的发生还可以从如下方面进行分析。

第一，家庭的生存方式包括人类基本的衣食住行等维持生存的活动，以亲子、血缘为纽带的交往活动，日常生活的观念活动，其特点是直观性、重复性、经验性和习惯性，这就构成了“示范”与“效仿”的前提条件。生活世界先天地就是对人的最基本的教育，教育者在日常生活状态下非自觉地完成“示范”，受教育者也是在日常生活状态下非自觉地“效仿”。从家庭子代降生开始，家庭的教育就这样凭借与生活的一体性，凭借生存方式日复一日地重复，塑造其经验和行为，人类子代在家庭生活中完成了生存方式最基本的部分。

第二，人类本质包括人与环境发生相互作用的共同的感受系统和共同拥有的意义世界，不同的个体在同样的环境刺激中可以获得同样的感性经验，共同意义世界则是不同个体的经验对群体具有功能的等价性，从而实现人类经验在不同个体之间的沟通和传递。从社会心理学角度看，“示范”与“效仿”也就是观察学习。班杜拉提出观察学习能力是人的基本能力之一，指出几乎所有由直接经验而来的学习现象，都可以通过观察别人的行为而替代发生。尤其是在生命早期，儿童的观察学习主要通过家庭亲代的具体生存行为获得。“示范”与“效仿”正是基于人类的这种本质才能实现。

父母的行为方式、教育方式、价值取向以及道德标准等，在儿童个体发展中具有极其重要的作用。父母的言行、举止、教导、期待就儿童本身而言，为其行为的最佳参照体系；父母的价值取舍、态度倾向乃至兴趣爱好，都能对儿童的成长产生暗示、感染、诱导、制约的效果，这种效果可能是强制性的结果，也可能是潜移默化的结果。

第六章

家庭教育的情感性原理

家庭的本质特征是什么？有学者认为，“它是和平所在，它远离所有迫害，所有恐惧、怀疑和分裂。如果家庭与外界世界一样不协调、不友好，充满敌意，家庭实际上已经衰亡。家庭就是一块圣地，是由主管家务的神保佑着的殿堂，家庭保持着一种神圣的特征，在这个邪恶的世界里，它是一切美德的根据地。”[①] 家庭就是因为这些特征而永存，这些特征的核心要素之一，就是家庭是提供人们情感依赖的最主要来源。

情感是人类主体对事物能否满足自身物质和精神需要而产生的心理体验，情感和主体的需要是联系在一起的。从人类精神和文化发展轨迹来看，人类精神世界发展的起点是感觉，情感是感觉的序化，理性是情感的序化，人类混沌的心灵世界在理性的导引下走向明晰的意识，意识的整合和外化形成了人类的精神世界。

人类以自然界中弱者的身份在生存竞争中幸存并发展起来，可以这样说，人是以社会性与精神性弥补了生物性的不足，尤其得益于精神因素的

---

① 赫特尔．变动中的家庭：跨文化的透视．宋践，李茹，等编译．杭州：浙江人民出版社，1988：243.

发挥，而使人性超越于动物性。自康德以来，人类精神被划分为知、情、意三向度，各向度均由简单到复杂、由低级到高级发展，其发展趋势实际上就是理性化趋势，理性是人类精神发展的内在组织原则。精神的向度对应理性的形态：理论理性以客观性为核心，贯彻其逻辑的彻底性；价值理性以主体尺度为核心，贯彻生命的中和原则[①]。

在现代，理论理性分化为科学理性和技术理性，而价值理性与实践理性可合称为人文理性。西方著名社会学家马克斯·韦伯毕生的工作就是研究现代西方社会的特征究竟是什么，他的最后结论是，现代西方社会的特色就在于这个社会是一个理性化的产物，这种理性，在现代西方文化中的各个领域里都表现出来，在经济领域中，这种理性化的结果就是资本主义的经济体系，在政治领域中，这种理性化表现为官僚体制的建立，在法律上，这种理性化的结果就是法律的形式主义或法律的实证主义。现代西方社会所表现的正是工具理性的特征。

一、情感在儿童个体发展中所处地位

（一）情绪对于接受信息的先在性

人对信息的接受以情绪的活动为初始线索[②]。人对某种观念的真正接受、理解，按照心理学家的研究，是在八、九岁人的抽象思维发展以后。但是教育并不是从这一年龄段才开始，原因在于，儿童的自然–社会性情感是人的个体发展在早期最重要的心理基础。张厚粲指出，如同生理上的疼痛，情绪使人们获得了关于自身的信息，它融入了人们的主观体验，也就融入了人类的生存[③]。

儿童成为社会的人，感情是一种有力的工具。婴儿在前语言阶段的学习是利用情绪信号进行的。儿童首先通过感情表明他们的需要，感情帮助他们建立或割断与别人的联系。家长或抚育人以及家族亲属在举止行为与亲情关系方面自然渗透并传递了社会文化的内容，儿童的初步观念完全可能通过情绪表情的携带在早期打下基础。

---

① 杨岚．人类情感论．天津：百花文艺出版社，2002：6.

② 朱小蔓．论情感在个体道德形成中的特殊价值．上海教育科研，1994（5）：27–30.

③ 孟昭兰．情绪心理学．北京：北京大学出版社，2005.

2～3岁的幼儿有可能产生社会性情感。3岁前儿童由于自我意识尚留在生理的自我水准，还没有转向社会自我，完全意义上的社会行为尚不可能，但是可以对他人某些行为作出移情反应，如悲伤、痛苦、同情反应，或模仿性的帮助行为。这虽然称不上真正的亲社会行为，但却是初级形态的社会性情感，是亲社会行为的心理基础。

情绪对于接受信息的先在性、早发性不仅表现在婴幼儿时期，成年人也常常以他人的情绪表情和事物信息的情绪性作为鉴别、判断的线索之一，以自己满意或不满意、肯定或否定的情绪特征作为第一反应。当代情绪心理学家的最新研究认为，情绪过程可以在无意识觉知的情况下和无认知加工参与的情况下发生。研究者用麻醉手段，证明人的感性知觉一开始，在下意识中就具有把人的周围现象分为肯定和否定两方面的机制。这种特征原本就是内在情感所具有的。

（二）情感启动儿童的联系感

根据心理学研究，儿童的自然－社会性情感是人的个体发展在早期最重要的心理基础。人在出生之日起，甚至在母体中的时候，就开始以情绪活动为初始线索接受各类信息，婴儿在前语言阶段的学习也是利用情绪信号进行的。心理学研究证明，7～8周的婴儿开始有社会性微笑，6个月的婴儿出现依恋感，不足8个月的婴儿已经有表示高兴、愤怒和其他情感的非语言表达方式，幼儿在1岁左右出现最简单的同情感，2～3岁出现最初级的道德感。

可见，儿童首先是借助情感来建立与他人的联系。朱小蔓指出，联系感是一种自然社会性情感，它深深植根于人的自然天性之中，具有早发性、自发性和直接感受性。

神经科学对情感的联系功能，一种解释是因模式识别、声音识别与人产生了某种匹配关系，从而启动了人的神经中枢，并且由人的神经中枢带动了神经元网络进行情感化的活动。有研究发现，高水平的5–羟色胺，对人体健康及自我悦感、自尊心、自信心有正向支持；相反，低水平5–羟色胺则使人自卑怯懦。高水平的5–羟色胺不仅促进人的心理健康、情感发展，同时与人的生物学成长关系密切。

阳光开朗的儿童，他们的皮肤、眼睛，整个状态都会比较明媚、有光泽。而烦恼的、担惊受怕的儿童，他们的眼神、目光都显得呆板，从生物学成长的角度讲，后者更容易受到威胁。也有研究发现，人的皮肤接触在传递情感方面特别有效。小孩子特别愿意老师去摸摸他的头，拍拍他的肩，拉拉他的手[①]。从中感受到老师喜欢自己、欣赏自己的关爱，这种情感传递对小孩子特别重要。

美国学者加德纳（Howaul Gardner）在《多元智能》一书中，研究和界定了人际智能与自我智能。他指出，人的表情识别、体察自身及他人的情感等，都有特定的脑区及特定的神经运行方式。加德纳认为人格智能有两种，一个是启发自己的能力，一个是启发别人的能力。这两种人格智能各自有不同的神经活动，如果没有这两种人格智能，其他几种智能都难以发挥社会效益[②]。

另一研究还表明，无意识也能启动情绪，而且并不经过大脑皮层对刺激信息的处理。无意识地对不同情绪的刺激背景进行提取时，情绪背景较非情绪背景会引发更多神经系统活动，无意识情绪启动的脑功能研究说明，情绪与记忆的联系在认知心理研究中也占有重要地位，当情绪与记忆联结形成的网络中有一个节点激活，它就通过联结扩散到其他节点上，从而激活整个网络中所有节点，所以情绪化的事件不会像中性化事件那样容易被遗忘。强烈的欣喜与悲伤情绪关联的事件，往往一生也难以忘记。

随着脑成像技术的发展，实验研究表明，无意识的情绪影响主要集中在右侧脑半球，而意识的影响则主要集中在左侧脑半球，这一结果与“情绪－认知”的脑功能定位特点一致[③]。

（三）情感的动力功能

关于情感的动力性质，东西方哲学家有过较多的哲学分析。近代西方学者霍尔·巴赫（Holbach）提出，如果激发有关公共福利的情感，往往会成为真实的动力。法国空想社会主义学者傅立叶（Charles Fourier）也称情感引力是“社会运动的第一动力”。作为理性主义哲学流派，黑格尔指出“冲动和激情是一切行动的生命性。没有激情，任何一个伟大的事业都不曾完成，也不能完成。”

---

① 孟昭兰．情绪心理学．北京：北京大学出版社，2005.

② 朱小蔓．情感教育论纲．北京：人民出版社，2007：158-160.

③ 廖声立，陶德清．无意识情绪启动研究新进展．心理科学，2004，27（3）：701-704.

心理学家对情感的研究，在20世纪有不少突破性的成果。弗洛伊德经过20多年的思考和临床经验，对情绪、情感等心理现象作出了独具特色的理论分析，为世人打开了一个新的人格的微型世界。他研究了本我、自我和超我，剖析欲望在个体情绪、情感和人格行为中的动力作用。他强调情绪与情感是一种体验，在情绪状态中，无意识参与的因素更多，而在情感状态中，有意识的体验成分更多。在《文明与不满》一书中弗洛伊德指出，人生的目的在于"寻求幸福，要得到幸福，而且要永葆幸福"。情感就是一种人生对幸福的感受和快乐的体验。弗洛伊德还认为文化的成就可用人类幸福的程度予以测量①。

美国心理学家弗洛姆（Erich Fromm）专门分析了人的情感与特有的心理需求的关系。他认为人有归属的需要，有爱和被爱的需求，"孤独是强烈焦虑的来源"。"人与人之间融为一体的渴求，是人类最强有力的奋斗的动力。它是最基本的激情，它是一种保存人类种族、家庭、社会的力量。"由此产生了爱的情感，这种情感表现为"对所爱对象的生命和成长的积极关心"，产生强烈的同情感、责任感、自尊感。为此，他认为人所特有的这种情感，按其本质来说是一种能力，是一种感受体验人生价值的能力，是一种突破使人与人分离的那些屏障的能力，一种把他和他人联系起来的能力。

这种能力，使人感受到生活的甜美、生存的幸福，从而摆脱各种自然力的束缚，向着人类永恒的爱的情感世界前进。由此可见，弗洛姆的新弗洛伊德学派把人的情感、人的需要、人的体验，作为人性的具体内容，它是人的本质的体现②。

现代生理学、心理学各学派对情感的动力作用也做了多种阐释。情绪能量理论认为，情绪作为一种能量，是由情绪所产生的脑生理机制及其整个生命机体的相应反应决定的，这种能量在人的生理健康水平下不会消失，只会表现为潜在的平和，一旦受到外界刺激即外化为情绪。情绪依照与主体需要的关系，或构成认识的先导，或构成审美和艺术的条件。

（四）情感处于人格系统的核心

伊扎德（Carroll E. Izard）认为，情绪情感处于人格系统的核心；希尔

① 朱小蔓．情感是人类精神生命中的主体力量．南京林业大学学报（人文社会科学版），2001（1）：55-60.

② 同①．

曼（James Hilman）则提出，“情绪是沟通我们与世界的桥梁，它把我们带进与世界的不可分割的相互作用之中”。乌克兰教育科学院院士苏霍姆林斯卡娅提出“情感文明”这一概念，使情感这一概念跨出了心理学、社会学的域限，进入人类学的视野。

近代工业和科技的发展使社会进步的标准集中体现在生产力的发展和劳动生产率的提高上，然而物质文明的飞速发展挤压了精神发展的空间，在有限的精神发展中，认知能力的发展排斥感受能力和行动能力，工具理性膨胀而人文理性萎缩。

工具理性的特征是，一旦我们选定了一个目的之后，采取最有效率的办法去达成这个目的，一个行为在某个境况中是最合乎理性的、最有效率的，这种理性就是工具理性，而“可计算性”是其中最重要的概念，韦伯认为整个现代性的特征也就是可计算性[①]。现代文明在发展中失衡，最终危及人类自身，造成越来越严重的精神危机。

“情感世界是人类精神的源头，是人文理性的始基，是健全人性之乡，在技术理性肆虐时期悄然萎缩的情感世界中孕育着人类文明的新希望。”[②]情感是人类精神活动的起点，情感所体现的正是人性的本真状态。21世纪人类文明开始全面转向以生态文明为基础的新形态，人类文明发展所依赖的重心由自然向人自身、由物质资源向精神资源转移，情感文明的构建才能得以实现，个体发展才能基于人文基础成为情感文明形成的重要支撑。

二、情感性教育原理的相关理论

在中国历史上，孔子创立以“仁”为核心的儒家思想体系，具有明显的情感主义倾向，有学者因此把中国伦理哲学称为“感情哲学”[③]，认为真正能和原始儒学接轨的不是儒学家或经学家，而是富于感情的文学家、诗人，比如杜甫。罗素（Bertrand Russell）在《西方哲学史》中谈到哲学的分类时说，如果“按照促使哲学家作哲学思考的主动欲望来分，这样就分出由爱好幸福而产生的感情哲学”，与之并列的还有“理论哲学”和“实

---

① 石元康．当代西方自由主义理论．上海：上海三联书店，2000：7.

② 梅．爱与意志．冯川，译．北京：国际文化出版公司，1987：25.

③ 王学泰．大儒杜甫 // 王学泰．偷闲杂说．天津：天津古籍出版社，2002：3.

践哲学”。

柏拉图（Plato）作为一个先验的唯理论者，在谈到理性治国之时，就肯定了非理性的作用。他认为人的灵魂有理智、意志、欲望三种属性，其中意志和欲望就是非理性。柏拉图强调灵感在文艺创作中的作用，但在他那里灵感却是神赐天启的。亚里士多德认为在人的欲望和理性的冲突中，理性克服欲望才构成了人类的道德。

在西方，从苏格拉底致力于形而上学追问的“理性反思”和柏拉图超越“洞穴假相”的“理念”世界，到启蒙运动以来工具理性日益膨胀的发展历史，“理性”一直在西方思想文化中占据着主流，反映在伦理思想和教育中，就是对认知的推崇和对情感的相对贬抑。

英国 18 世纪著名的哲学家、伦理学家大卫·休谟（David Hume）堪称全面批判理性主义学说、倡导情感主义的开拓者。休谟在《人性论》中指出，“同情是人性中一种非常有力的原则”①。休谟的情感主义思想对后来的哲学家产生了深远的影响。

英国 18 世纪著名经济学家、伦理学家亚当·斯密（Adam Smith）秉承了休谟的同情论思想。亚当·斯密写过两部重要著作，一是《国富论》，二是《道德情操论》，前者奠定了现代经济学的根基，后者成为道德哲学史上不朽的经典之作。两本书的观点看似相互矛盾，被称为“斯密人性悖论”。但是“同情”这一概念是解释前书中“自我赞同”“利己”的人性假设的关键，也是解释后书中“社会赞同”“利他”的关键。

法国思想家卢梭（Jean Jacques Rousseau）给予情感高度评价，他认为自然优越于社会，情感优越于理性，否定了理性的作用。卢梭认为，“理性欺骗我们的时候是太多了”，而“良心从来没有欺骗过我们，它是人类真正的向导”②。卢梭在《爱弥尔》一书中详细阐述了儿童由“自爱心”向“怜悯”他人转化的心理机制，强调家庭教育在其中的重要作用。

在非理性研究方面，弗洛伊德提出人的道德情感是以超我为基础，通过仿同以及与他人的相互作用而形成的，在此过程中，内疚、羞愧、良心等情感起着非常重要的作用。他关于儿童早期经验的研究，对家庭教育具有重大意义。童年期本能得到满足的愉快体验在其人格形成中具有重要

---

① 休谟．人性论．关文运，译．北京：商务印书馆，2002：168.
② 卢梭．爱弥尔：论教育：上卷．李平沤，译．北京：商务印书馆，1978：289.

的意义，因此，在婴幼儿期，父母不能压抑和阻止儿童的本能需要，而应该使其得到充分的满足，这样才会促成人格顺利发展①。20世纪中期之后，教育的情感性功能研究进入新的阶段，不止一种理论都强调，儿童的行为更多地是被情感而不是被理性所驱使。

工具理性批判是20世纪后半叶西方社会批判理论的主题之一，同时也是20世纪末以来中国文化批判的重要主题。工具理性为人类提供了不断超越自我的发展路径，同时人类也为之付出了沉重的代价。弗洛姆说："19世纪的问题是上帝死了，20世纪的问题是人类死了；在19世纪，不人道意味着残酷，在20世纪，不人道系指分裂对立的自我异化；过去的危险是人成了奴隶，将来的危险是人会成为机器人。"②

西方社会是理性化了的社会，中国尚处在理性化进程之中。遭受百年创痛的中国对工具理性的崇尚，其程度已比西方有过之而无不及，工具理性正渗透到中国社会体制结构和社会生活的各个方面。学校教育也不例外，体现在教育领域，就是认知主义的膨胀，情感在教育中处于被遮蔽的阴影下，学习纯然蜕变为"知识的学习"，缺乏情感的支撑，缺乏学生对世界的体验与憧憬，成为哈贝马斯所说的"没有完成的谋划"。

从20世纪中期，尤其是20世纪70年代以来，心理学对依恋、爱、移情进行了比较系统的微观研究，展开了这些情感与亲社会行为的相关研究，基本上达成"在安全感、归属感、信任感的基础上可以发展人的同情、仁爱、关心等情感品质"这一共识。美国心理学家霍夫曼（Edward Hoffman）则把移情和个体发展结合起来，把移情分为普遍性移情、自我中心移情、对他人情感的移情和对他人生活状况的移情四个阶段，并认为移情产生的"移情性情感"可以加强个体公正和关爱的价值取向，推动其社会价值取向的发展，促使其产生亲社会行为。

在我国，朱小蔓等学者从20世纪80年代起致力于情感性教育、尤其是道德的情感机制研究，提出儿童的学习、发展以情感－体验型为重要的学习方式，以情感为核心的动机系统是个人个体发展的内在保证，因此应该把人的情感发展作为教育目标来构建。

朱小蔓认为从近代开始，由于知识成批量地增加，学校教育开始制度

① 舒尔兹D，舒尔兹S.现代心理学史：第8版.叶浩生，译.南京：江苏教育出版社，2005：351.

② 弗洛姆.健全的社会.孙恺详，译.贵阳：贵州人民出版社，1994：291.

化，知识传播在教育中的空前突显，掩盖、遮蔽了教育的本质。改造自然大于或高于生命本身，人的本质、教育的本质开始异化。本来是生命一体化的东西，一旦变成生命外在的东西，便不再是生命本身的需要了，进而变成束缚人、压迫人的东西，于是受教育者便普遍产生了一种想远离、逃脱和反叛这种教育的生命冲动。

三、儿童情感的家庭培养

（一）情感发展与认知发展的差异

人的情感发展有着与认知发展不同的标志，现代心理学认为，在精神情感不发达、直接印象积累贫乏的情况下，形式主义地掌握大量知识必然造成人的感受萎缩。美国哈佛大学零点课题研究也提出这样的问题，即在一定的年龄以前，逻辑思维的发展与非逻辑思维的发展存在相互抑制的关系。因此应该珍惜人的生命早期敏锐的感受能力、感受欲望，不要急于将这一丰富的感知纳入逻辑运演和概念之中[①]，牺牲儿童天真、热情的感性发展的巨大可能性。

生物性、初始性和生活性是家庭教育的本质属性，是学校教育无法取代家庭教育的主要原因[②]。从婴儿期开始到 4 岁之前是儿童人格形成的基础阶段，这个阶段儿童主要生活在家庭，家庭的情感支持不是以认识为准则，而是以意义为准则。父母与孩子之间的亲子之爱，是情感机制的，这种深刻的情感在认识层面是不可教的，只能通过家庭成员之间、尤其是亲子之间的情感依赖得到发展，以支持儿童的个体发展。

人对社会价值观念的真正理解、接受，一般是在八九岁抽象思维发展之后，但情感发展并不是从这一年龄段才开始，因为婴幼儿的自然 – 社会性情感如安全感、依恋感、信任感，是个体发展的早期心理基础，而儿童早期的发展主要在家庭中完成，换言之，儿童个体的情感发展早于认知发展，家庭教育的情感性原理，作用突出。

在认知结构发展以后，情感 – 体验仍然在儿童的个体发展中处于核心地位，儿童对社会价值的学习仍然以情感 – 体验型为重要的学习方式。因

---

① 朱小蔓 . 情感教育论纲 . 北京：人民出版社，2007：112.

② 赵石屏 . 试论家庭的教育机制：基于“生物 – 文化协进化”视角 . 教育研究，2007（11）：72–75.

为社会价值的学习主要不是以主客体对立两分的思维方式学习，而是以主客体统一的与具体情景相融合的情感体验方式学习。此外，在教育途径和方法上，家庭教育在“生活世界”中进行，具有整体的情境性，因此，家庭教育的情感性是儿童发展的初始条件，也是必然条件。

（二）如何培育儿童健全的人际情感

1. 家庭情感培育的重点

有学者把儿童成长情感品质分为3类，第一类：联系感、依恋感、安全感；自我认同感、悦纳感、自尊心、自信心。第二类：同情、移情、共通、分享；友谊、责任、利他。第三类：敬慕、敬畏、分寸；秩序、格局、节奏[①]。

《学会生存》从全球教育发展的角度提出，“我们要学会热爱世界并使这个世界更有人情味”“教育的一个特定目的就是要培养感情方面的品质，特别是在人和人的关系中的感情品质”[②]，人际情感是与人与人的关系相关的情感，对儿童社会性情感发展至关重要，所以在这里做重点论述。

2. 学会“共处”是社会化的必需

人基本的生存能力之一是与人共处的能力，学会处理人际关系是儿童社会化的必需。因此，儿童能否有效与同伴共处，家庭教育要重点关注。在儿童社会性发展的要素中，“学会共处”是一个重要构成，与人共处的基本问题是处理人与人之间的利益关系，儿童的社会性发展，在人与人之间的关系中才能完成。家庭教育要将“学会共处”作为儿童社会性发展的起点，指导孩子学习处理各种利益关系，才能真正发展儿童的人际认知、人际能力、人际情感。

良好的共处能力也是儿童心理健康的重要标准，也是一个人成功、成才的必需条件，它与价值观、金钱观、专业技能、健康、意志等成才条件并列，缺一不可。尤其在当今社会转型、竞争激烈的社会现实中更是如此。不少孩子学业、专业优秀，社会性品质发展不好，无法与人共处，严重妨碍自己发展、成才，也很少有幸福和快乐。

---

① 朱小蔓．传统美德教育的现代视野与具体研究方法．南通师范学院学报（哲学社会科学版），2000（1）：45−48.

② 单中惠，杨汉麟．西方教育学名著提要．南昌：江西人民出版社，2004：665.

此外，共处能力与学生辍学、犯罪有较高的相关，被排斥的儿童在以后容易出现问题，儿童青少年在群体中的地位下降，犯罪的可能性就增加。因此，预防青少年犯罪，对人际适应困难的孩子及时进行指导，是家庭教育必须重视的问题。

3. 优化儿童情感的家庭培养

优化儿童情感的家庭培养，这里重点从社会性情感的几个方面考虑。

第一，发展孩子人际关系方面的积极情感。家长要在生活中给儿童提供良好的榜样，发展积极情感，信任感、尊重、善意、同情、宽容、幽默、大气等。需要注意的是，积极情感与学习成绩不一定画等号，宽容、尊重、大度的孩子，不一定学习优秀；而学习优秀的孩子，有的却是狭隘、嫉妒、积怨的。

第二，重视满足儿童社会性情感需求。儿童的友谊、同伴认同是孩子非常重要的精神需求，精神需求得到满足，才能获得积极的人际情感和态度。儿童的人际体验，与同伴误会的沮丧、悲伤，因和好、友爱的愉快、欣喜，都是儿童情感体验的正常过程。

第三，指导孩子克服消极人际情绪。让儿童在同伴冲突中，化解消极情绪，防止伤及他人或自己（的心理健康）。儿童常见的消极情绪有嫉妒、敌意、幸灾乐祸、记恨等。例如嫉妒，家长要让孩子明白嫉妒虽然普遍，但嫉妒是不健康的情绪，损害人际关系和心理健康。对幸灾乐祸，家长要告诉孩子“你可以为自己的成功而高兴，但是不能为别人的失败而高兴。”这样能奠定儿童良好的竞争态度，克服消极情绪。再如敌意，一部分儿童习惯用恶意推测对方，这样他们与人共处更容易发生困难，处理人际矛盾更趋于恶性循环。家庭教育还须注意记恨的孩子，习惯记仇、记恨的孩子，消极情绪很稳定，很少有快乐，总是处于“怨”“仇”“愁”状态，这是家庭教育要预防和矫治的。

（三）优化家长情感能力

在儿童情感发展的家庭条件中，家长自身情感能力是重要条件，甚至是关键性的条件。家长的情感直接影响家庭心理环境的质量，情感能力是家长教育能力的重要构成。

据有关研究，教育评估用来区别教育能力强弱的 52 种特征中，只有

14 种与教育者的知识和某些教育技能有关，有 38 种在本质上是情感的，如满足感、成效感、鼓励、对置感、爱、期待、希望、宽容、严肃、乐观、稳定、不偏不倚、公平、耐心、欣赏等，与之相对的有敌对、嫉妒、绝望、狂怒、轻视、发泄、偏爱、冷漠、任性、烦躁、不顾后果、冲动、情绪强度大、不善言辞、积压、不好随时疏通等[①]。

心理学家认为，儿童需要有被爱的感觉，才能有充分的情感发展。家长对孩子的爱，需要通过适合的情感方式表达，儿童才能感觉到。家长教育能力的一个重要标准是情感品质。家长自身良好的满足感、成效感、对置感、宽容、乐观、情绪稳定、耐心、欣赏等品质，能提供给儿童温暖、安全、可依靠的良好体验，在此基础上，儿童才可能发展起良好的情感品质；反之，家庭充斥着敌意、嫉妒、绝望、狂怒、轻视、偏爱、冷漠、烦躁、发泄、不善沟通、积压等情绪方式，儿童情感发展空间就非常恶劣，孩子无处躲避家庭的紧张，也无处得到疏导，负面情感严重损毁儿童的正常体验，其后果是导致儿童的情感障碍。

所以在优化家庭教育质量的各种要素之中，提高家长的情感能力是很关键的一个条件。比如家长要学会好好说话，形成良好的情感应答，家长要有好的情感示范，好的关系胜过好的教育，都是儿童情感培育的家庭教育的有效方式。

---

① 中央教育科学研究所比较教育研究室．简明国际教育百科全书：教学：上．北京：教育科学出版社，1990.

第七章

家庭教育的利他性原理

“利他”（altruism）一词是由法国社会学家孔德首先提出的，孔德使用“利他”一词来诠释一个人对他人的无私行为。对利他主义，其他社会生物学家、社会学家也都做了多方面的研究。社会学家将利他行为定义为“对履行这种行为的有机体明显不利，而对另一个与自己没什么关联的有机体却有利的行为”。生物学家威尔逊（David Wilson）把利他主义界定为对他人有利而自损的行为。而社会心理学认为单一的因素并不能很好地界定利他行为，利他行为是多种因素共同作用的结果，认为利他主义行为至少包括两方面因素：意向，行为中获得与付出的代价[①]。

总起来讲，以利他动机为基础的利他主义行为有以下特点：①必须对他人有利。②必须是自愿的。③行为必须有意识且有明确目的。④所获得利益必须是行为本身。⑤不期望有任何精神和物质的奖赏。最后一点是利他行为确实不需要任何外部奖赏，但也不可排除来自于利他行为者内部的自我奖赏。

威尔逊把利他主义分为两种：无条件的利他主义（纯粹利他主义）和

---

① 彭茹静．利他主义行为的理论发展研究．江西社会科学，2003（7）：221-223.

有条件利他主义（互惠利他主义）。无条件利他服务的对象主要是近亲属，在疏远的社会关系中比较少，在这种条件下，利他者不求任何回报，不受社会奖励和惩罚的影响，表现出无私的忘我。而后者的实质则是自私的“利他者”，指在社会中，个体与远亲、与不相干的人交往，通过社会契约达到互惠互利。

艾利奥特·索伯（Elliott Sober）也将利他主义分为两种：进化利他主义和本土利他主义。进化利他主义具有遗传特性，是个体在紧急情况下将被助者看成是“我们”的一部分的下意识行为；本土利他主义发展过程比较复杂，是由个体内在得益于别人的动机所激发的行为，也具有遗传的特点。

社会规范理论则认为，人的行为都按照社会所赞成、提倡的准则而进行。人之所以帮助他人，是因为他们遵循了社会提倡帮助的规范，这种自愿遵从社会规范的利他行为是个体社会化过程中习得社会规范的结果，而遵从社会规范的回报是得到社会认同的自我满足感，反之则是不被社会认同的偏离感或负疚感。

相关研究表明，儿童亲社会性的描述性结构由利他性、易管教性、合群性、攻击性、同情心、愧疚感、依恋感 7 个因素构成。其中利他性与易管教性是最重要的两个特质[①]。

一、利他理论的相关研究

利他行为从何而来？是来自我们的内部、还是外部神秘的启示？比如是遗传生成还是后天环境塑造的结果？单单生物学解释似乎不足以揭示人类有别于其他生物的独特性，而只强调社会文化的作用也会陷入某种循环论证，无法回答这个真正的文化起源问题。社会生物学的回答集中在人作为一个物种的类的共同特征上，也就是说，作为人类一分子的行为者，其遗传组成将会使他倾向于采用哪种行为模式；而社会学关注的是，作为某个特定历史时期、特定社会的一员，行为者所接受的文化和社会影响将会使他倾向于采用某种行为方式。

普朗克（Max Planck）说过，“科学是内在的总体。它被理解为单独的

① 张野．学前儿童亲社会性的调查研究．学前教育研究，2006（5）：9-11.

部门不是取决于事物的本质，而是由于人类认识能力的局限性所致。实际上存在着由物理到化学，通过生物学和人类学到社会科学的连续的链条。”也就是说，人不是由一个“生物”和一个“社会”这样两个层次重叠构成的，人类本质上是生物－心理－社会的复合体，这三个层面之间的界限不是截然划分的，任何努力也不能分隔开他的人类部分和他的动物部分。

从人类文明形成和发展的历史进程来看，制约我们行为的文化和社会规范大致经过三个演化阶段：本能阶段、习俗阶段和理性阶段。在漫长的进化旅程中，本能和习俗，在影响人类的行为和创造文化方面一定扮演过相当重要的角色，人类理性由它们而来，既受它们的制约，反过来又作用于它们。这些因素共同造就了今天的人类，而且还将继续发挥它们的作用。在人类社会生物和文化的两极之间，有广泛的领域等待着各个学科共同开拓。因此，“只有一条道路可以将众多的知识分支联合起来，结束这场文化战争。就是不要把科学和文化之间的界限看成是领土分界线，而是看作广袤的、基本上还未开发的土地，正等待两边的人合作开发。”[①]

（一）亲缘选择学说

亲缘选择学说是汉密尔顿（W. D. Hamilton）为了解释动物利他行为的进化提出的理论，其中心就是基于血缘关系产生利他行为的“汉密尔顿法则”。亲缘选择学说的产生大大推动了生物学对动物利他行为的研究，加速了社会生物学的诞生和蓬勃发展，极大地丰富了达尔文的自然选择理论（因为利他行为的起源与进化是达尔文自然选择理论最难解释的问题），同时它也影响了其他学科如经济学和社会学对人类利他行为的分析，如新制度经济学中诺斯（Douglass North）的意识形态理论、贝克尔（Gary S. Becker）的社会相互作用理论、社会学中习惯习俗信任和道德等导致的文化利他行为理论等。这些理论都从某一个侧面说明利他行为发生的原因、利他行为发生的条件，或者描述了利他行为发生的程度。

汉密尔顿法则认为，如果经过突变产生了一个支配某种利他行为的基因，那么该基因的成功并不取决于它能不能给携带它的动物个体带来好处，而是取决于对它自身是否有利。如果利他行为的受益者是利他者的一个亲属，那么这个受益者体内含有利他基因的可能性就比非亲缘个体更

① 洪帆．利他主义：从社会生物学到社会科学．医学与哲学，2005（6）：5–8.

大，利他行为基因在基因库中的频率就会增加[①]。

汉密尔顿修正了达尔文主义的适合度概念，提出了广义适合度概念并在其基础上建立的亲缘选择学说，成功解释了社会性昆虫的亲缘利他行为，强调利他者只为自己的亲属提供帮助或作出牺牲，并且与亲近程度成正比，个体之间的亲缘关系越近，彼此之间的利他倾向就越强，因为关系越近，相同基因就越多。亲缘选择学说成功消除了达尔文自然选择学说所面临的困境，使生物学家开始正确地认识到生物有机体利己与利他、竞争与合作的关系，进一步揭示了亲缘利他行为的进化机制，从而大大丰富和发展了达尔文自然选择学说[②]。

（二）利他动机学说

利他作为对他人福利的一种关心，并不以对方的合作为条件，具有无条件性。它在社会进化中极容易受到侵害，所以必须通过对利他对象的选择性来保证其演进稳定性。这种选择性体现在人们只对特定对象具有较强的利他倾向，一般双方的情感关系越近，利他倾向越强。

在传统利他文献中，如贝克尔（1976）采用代表性决策者模型，假设经济中所有个人的利他倾向相同，而且决策者的利他倾向不会随决策环境的变化而改变[③]。

这种假设不仅与现实中利他的选择性特征相背，而且不适用于对策情景下的利他行为分析，而在收益差距模型中，尽管个人行为具有利他的特征，但是只有当自己的收益高于对方时才会有这种利他性，而且一旦高于对方就会如此，这与个人利他倾向的无条件性与选择性存在很大的差异。另一方面，利他行为作为一种收益再分配行动，的确会造成收益差距的改变，利他行为的强弱受人们收益差距厌恶水平高低影响。所以我们综合收益差距模型与利他倾向的选择性，将利他函数设置为社会距离与收益差距的函数。

利他动机的经济学分析指出个人利他受社会距离与收益差距两个因素

① 张廷华．亲缘选择学说的经济学分析．西南民族学院学报（哲学社会科学版），2003（1）：126–128.

② 刘鹤玲，蒋湘岳，刘奇．广义适合度与亲缘选择学说：亲缘利他行为及其进化机制．科学技术与辩证法，2007（5）：26–29.

③ 夏纪军，张来武，雷明．利他、互利与信任．经济科学，2003（4）：95–108.

影响，其中社会距离是对双方情感深度的一种度量，参与者之间的情感关系越近，社会距离越小，相应的利他倾向就越强。个人对社会距离的敏感程度也是重要因素，对距离越敏感，“自己人”情结越强，距离的微小变化会导致利他倾向的很大变化，对离自己稍微远一点的人就比较漠视和不关心，只关心离自己很近的一些人。

孔德认为利他源于人性的统一性，尤其是人性中情感的力量。他指出，利他主义情感及行为的存在有着现实的依据。实际生活是集体性质的，个人之间必须持续不断地协作，才能牟取利益，因此牟利的目的是为所有的人。这样，孔德非常正确地揭示了人们最个人的、最自私的倾向是怎样变成依恋和崇敬的源泉的，那就是“当经验表明社会关系对于个人有益的时候”。因此，利他情感由自发转为自觉，由人内心存在的利他本能扩展为社会性情感而普及世人，是对社会现实作出实证主义评价的结果。

孔德主张一种“远虑经济学”，赞赏设立资金或进行生产积累和储存，其主导思想是关心子孙后代的继续生存，在社会上进行一种利他性的合理分配。通过建立这样包含在纯粹社会性质的目的中的资本，“利他主义的泛世主导作用”才有可能发挥①。

（三）社会交换和公平理论

美国社会学家霍曼斯（George Homans）首先用社会交换理论来解释利他主义行为。他认为，社会上人与人之间的关系实际上是一种交换关系，人们通过交换获得一些东西，同时也失去一些东西，这种东西可以是物质的也可能是精神的，利他行为就是目前或期待将来得到社会承认或奖赏等利益的工具性行为，人际互动就是付出代价和取得奖赏的过程，这就是社会交换理论的基本观点。

美国心理学家亚当斯（John Stacey Adams）提出公平理论，他认为利他行为是种得失权衡的产物。与交换理论不同，公平理论强调人们在权衡自己得失时，会受到与他人进行比较的影响，而影响人们利他行为的是主观上的公平感。

社会契约理论认为，拥有一个坚守道德的社会认同对自己最有利，社

---

① 郭景萍．孔德：社会秩序视野中的情感研究．湖南师范大学社会科学学报，2007（1）：75-78.

会以武力保护其成员的权力和利益，而在社会外部即在自然状态中，缺乏足够的力量去迫使人们尊重他人的利益，生活充满混乱，生命的期望从根本上来说是不确定的，一个人期望自己享乐的计划变得模糊，所以摒弃这种自然状态对自己最有利，即放弃自己的权力（主要是全部的自决权），而去遵守限制个人欲望的常规道德规范。市民社会的行政权力创造了一种情境，即我的生活以及自由所赋予我的东西能够充分保护我不受他人自私阴谋的侵扰，允许对幸福至少是适度的追求。

（四）利他的经济学理论

1. 贝克尔的经济学分析

贝克尔对家庭的经济学分析认为，由家长的利他主义收入转移机制决定了家庭成员的最大化同一。在贝克尔的分析中，家长是利他主义的，而其受益人则是利己主义的，一个利他主义的家长（通常理解为丈夫）通过转移收入与利己主义妻子和子女相联系。贝克尔（Rotten-kid）定理[①]表明，利他主义者受益人无论多么自私，都将使利他主义者家庭合并收入最大化，均衡的家庭消费是由家庭总收入决定的，收入的再分配不会改变均衡点的位置。这是因为在家庭总收入一定的前提下，如果他以受益人的收入牺牲为代价换取自己收入的增加，自己的效用虽因自己的消费增加而增加，但却因受益人的效用减少而减少。

贝克尔（1982）指出，在现今已知的人类社会结构中，家庭无一例外地承载着一些基本的经济组织功能：①保险功能，即帮助家庭成员抵御未来不确定性，保护家庭成员在各种自然和社会风险中免遭损失，以争取更大的生存机会。②教育功能，包括职业技能和社会道德的教化功能。③信誉和资源功能，以家庭为整体建立信誉，为家庭成员的个人事业提供基本支撑，从而使家庭成员能够更顺利地在社会中找到自己的位置。这些功能的存在，一方面增加了每个家庭成员在不确定性的环境下获取未来收益流的机会，从而使家庭生活具有天然的生产性特征；另一方面它的作用发挥有赖于家庭组织内部所特有的一些尚待证明和解释的组织秩序，这构成了经济学家有必要对家庭行为给予系统性分析的充分理由。

---

① 坏小孩定理，也称贝克尔定理，是贝克尔在分析利己主义、利他主义基础上提出来的，概括地讲就是为人父母对子女都具有“利他心”，而为人子女的“利己心”更明显，因而称之为“坏小孩”。

贝克尔把“家庭组织”的本质性经济特征精炼地归纳为家庭内部成员之间的“利他主义”行为倾向。他认为，“家庭”区别于厂商和其他组织的主要特征是，家庭内部的资源配置大部分是通过“利他主义”和附随其上的特殊义务来确定的，而厂商内部的资源配置则大部分需要通过生产要素所有者之间的明示契约来确定。“父母为帮助孩子所作的牺牲或孩子为帮助父母所作的奉献，以及维系夫妻之间彼此的爱心等，这些家庭内部崇高的人际关系的‘指示器’，从来不为厂商和其他组织所共同具备”。基于此，贝克尔把“家庭”简化成一个由具有“利他主义”行为倾向的“家长”和一群可能并不具有“利他主义”行为倾向的受益家庭成员所组成的稳定结构。

需要指出的是，贝克尔对“家长”的界定不是根据具体家庭成员的性别和年龄，而是特指在家庭中由于关心其他家庭成员的福利而将一般购买力转移给所有其他家庭成员（不单指孩子，也可能包括配偶和其他亲戚）的利他主义者。在贝克尔看来，家庭成员间的“利他主义”完全可以作为有限资源约束下的个人理性行为的选择结果。他在《利他主义、利己主义及遗传适应性》一文中证明，只要“家长”能够充分关心所有其他家庭成员（自愿将资源向他们转移），同时其他家庭成员也认可这种关心的存在，则“家庭”每一个成员的效用函数将被纳入一个（由“家长”效用函数所决定的）统一的“家庭”效用函数内。

不仅如此，贝克尔还证明，“家庭”中只要存在一个公认的“家长”，那么即使其他家庭成员的福利只决定于他们的自身消费，他们也会有使家庭总收益与总效用水平达到最大化的动机。其原因在于，家长所具有的按照利他主义原则在家庭成员之间进行利益再分配的权利安排，为家庭内部经营提供了一种抑制个体机会主义行为的转移支付机制[①]。

2. 戈森定律

德国经济学家赫尔曼·戈森（Hermann Heinrich Gossen）是边际效用论的奠基者和先驱，他提出边际效用递减规律，即人们对某种物品的需要，随着需要的不断被满足，所感觉到的享乐程度逐渐递减，直至最后达

---

① 余立智．现代家庭组织理论研究的最新进展及其启示．财经论丛，2006（2）：8-13.

到饱和状态。换言之，某种利益给予边际效用最大或最需要的人，效用最大。戈森的边际效用理论被称为“戈森定律”，并在后来发展为经济学的一个重要学派，其核心内容是，在利益冲突情况下，增加最需要的人的利益，即增加边际效用大的利益；减少不是最需要的人的利益，即减少边际效用小的利益，其所有主体的利益总量最大，即利益冲突时，增加边际效用大的利益。

3. 帕累托效应

意大利经济学家、社会学家帕累托（Vilfredo Pareto）提出社会福利最大化标准。即在利益不冲突时，不损害一人地增加利益总量，在利益不冲突时，是否可以牺牲某个人或一部分人的较小的利益，换取其他人的更大的利益。他说：“我们看到，要取得一个集体的福利最大化，有两个问题待解决。如某些分配的标准为既定，我们就可以根据这些标准去考察哪些状态将给集体的各个人带来最大可能的福利。比如我们考虑并设想做出一个与各种关系不相抵触的小变动，假如这样做，所有各个人的福利均增加了，显然这种新状态对他们每个人是更为有利；相反，如各个人的福利均减少了，这就是不利。但是，另一方面，如这个小变动使一些人的福利增加，并使别的人福利减少，这就不能再说做此变动对整个社会为有利的。因此，我们把最大效用状态定义为：做出任何微小的变动不可能使一切人的效用，除那些效用仍然不变者外，全都增加或全都减少的状态。”

无论利益是否冲突，“自我牺牲”的利他行为一般都是善的、道德的，当损己利人（即自我牺牲）大于损人利己的利益总量时，损己利人是应该的、道德的，损人利己是不应该的、不道德的。可是当损己利人（即自我牺牲）小于损人利己的利益总量时，按照道德终极标准，损己利人是不应该的、不道德的，损人利己是应该的、道德的。但现实生活中并非如此，通常人们仍然认为，损己利人是应该的、道德的，损人利己是不应该的、不道德的。该如何认识这种理论与现实的矛盾？对此，可以用经济学的稀缺理论分析。稀缺理论认为，在社会生活中，凡是对人们有益的事物“越稀缺的越有价值”，也即通常人们所说的“物以稀为贵”[①]。

① 罗石．用经济学的方法解读道德终极标准．学术交流，2005（2）：15-20.

二、家庭利他性的教育原理

在家庭成员之间，尤其是亲代对子代的关怀、重视和付出，亲子之间终身的相互依赖，是人类生存的重要条件之一。这种家庭成员之间的利他，尤其是父母对子女的利他关怀极其恒定，不仅构成儿童最初的生存、长大的必需保障，而且成为儿童生存学习、生存体验、个体行为发展的重要影响。儿童降生的家庭环境，从生存情境上讲是饱含“利他”情境的环境，父母为主的家庭成员对新生子代几乎无条件的付出和温情关注，对于人类儿童获得安全感、信任感、道德感、成人感至关重要，这些重要的体验奠定儿童面对世界和人生的最基本的情感和态度，奠定人类以爱为基础的亲子之间的相互依赖和联系，在此基础上扩展出人类更广泛的社会联系，人类赖以延续和发展的社会生存方式才得以确立。利他是人类社会性品质、尤其是道德品质的基础要素，这种几乎无条件的利他与关怀，可以从现代行为生态学理论得到支持。

（一）家庭利他发生的基础

1. 家庭利他性具有完整的行为生态学基础

在人类所有的关系之中，家庭亲子关系、兄弟姐妹关系、亲戚关系之间更具有利他性，尤其亲子关系中的亲代，父母、祖辈，对子代的付出和关怀几乎可达忘我、无私的程度。家庭中的这种利他性关系，对儿童的个体生存、发展有着深刻的作用和影响。

家庭亲代的无私，首先是基于生物的利他属性。家庭的教育关系是基于生物性的，教育者为亲代，受教育者为子代，这与其他教育关系不同，他们之间的利他动机、利他行为、因利他而获得积极感受，对儿童影响作用极为深刻。

家庭拥有强大的利他动机系统，这种原动力源于“基因的自私性”。行为生态学指出，人类的行为，如“利他”行为是经进化选择而形成的。人类家庭的亲代教会子代生存自立，必须付出自身大量的生命资源（时间、精力、生活物质），这种付出对自己是一种巨大的损失，是利他的，然而为什么人类一如既往？

行为生态学引进经济学的分析方法，“把行为设定为是某些基因生存和延续的利益代表，而研究的出发点是考察某一行为在它施展的种群和生态范围中，对它代表的基因的生存和延续的作用”。美国行为生态学家理查德·道金斯（Richard Dawkins）认为，从发生在最低水平，即基因水平上的选择出发，才是解释的最好方法。作为遗传物质基本单位的基因，道金斯在《自私的基因》一书中指出，基因是绝对自私的，可以说，在任何称得上是自然选择基本单位的实体中，都会发现自私性，成功的基因的一个突出特性也是其无情的自私性，它导致个体行为的利己，也会导致利他。亲代为子代付出巨大代价的行为是利他的，但基因绝不会利他。亲代几乎无条件的付出，正是为了自己的基因在人类生存环境——社会中延续，并尽可能占有生存的有利条件。

人类作为生物物种，利他行为在基因层次增加了物种自身进化适合度，“对其代表的基因的群体中的存在和延续有利，也就获得了合理性。”也就是说，携带着人类基因的个体，在基因层次上具有了利他与合作的起点，看起来是利他的行为，实际上是人类基因进化的效率最优原理的生物性作用，而且这种利他行为首先发生在儿童最初几年所在的家庭亲缘之间，效率最优原则得到最好的体现。所以有学者指出，大量的人类社会行为是有机体的后果，而非文化演变的结果，人类基因包含了大量的进化信息，这些信息就是一种程式，规定着人类的社会行为[①]。从这个意义上讲，个体发展的发生同样基于深刻的生物进化机制。

2. 家庭利他源于相互依赖的需要

父母对子女无条件的付出除了生物本能，还基于更深刻的心理需要。人类从古至今无法逃避死亡，因此如海德格尔所说的，人是被历史地抛在特定的时间和空间的那个交点而开始存在，因此人“注定是孤独的”，随时可能“被连根拔起”。正因为如此，人类敬畏并珍惜生命，而且在与他人的联系中获得安全的需要、爱的需要、归属的需要、自尊的需要、自我实现的需要，使人类摆脱孤独和死亡的恐惧而得以“诗意地栖居”。父母对子女无条件的付出即源于这种对生命的珍惜和呵护，源于对爱的情感需要和自我实现的精神需要。

家庭的这种“利他”情境对于儿童个体发展的深刻作用和影响，还在于它对建立人与人之间的情感依赖的奠基作用。儿童从对家庭成员的

---

① 波普诺．社会学：第十版．李强，译．北京：中国人民大学出版社，1999：143.

情感依赖开始，之后，将亲代情感依赖逐渐扩大到亲属的、社会的、普遍的情感联系。情感依赖是个体亲社会行为产生的心理基础，这种情感依赖机制与社会情感发展机制相一致。以血缘、基因、物种延续机制为基础的亲子关系，其相互之间的影响和作用，较一般社会属性的教育关系要深刻得多。

（二）家庭利他始于母亲关怀

利他具有无条件性，在社会进化中极易受到伤害，建立较为稳固的亲社会动力系统，首先依赖于家庭的利他机制。家庭具备最充分的关怀机制，心理契约机制、组织支持度机制、认同机制、忠诚机制，这些都是个体发展的必需条件，也是支撑和保护利他这一亲社会价值的核心要素的基础性条件。其中家庭的母亲关怀是最重要的。

家庭的关怀始于女性，始于母亲角色对家庭成员的关怀。涂尔干在《教育与社会》一书中指出，“教育应主要是一种权威性的活动”，权威是所有教育者的需要。“亲其人”则“信其道”。儿童曾与母亲天然一体，依赖母亲得以发育成人，母亲是儿童生命的赖以获得者，依赖着母亲无私的关注操劳，得以存活，得以成长，母亲是生命的传递者，是生命的照料者，集中代表着人类真正的慈爱、无私、关怀、柔和与天地般的博大和包容。

关怀伦理学兴起于20世纪70年代末80年代初的美国，经过几十年的发展，已成为汇聚众多学者和著作的重要伦理学流派，其中，最具价值的当推美国教育家内尔·诺丁斯（Nel Noddings）以关怀为核心的教育理论，认为家庭中母亲基于女性性别特征，在人与人之间的联系中具有更多的关怀取向，家庭的这种关怀具有重要的教育价值。

诺丁斯是美国斯坦福大学教育系的教授，曾任美国教育哲学协会主席、美国教育学会主席。诺丁斯基于西方关怀伦理的思想传统，形成了具有时代特征的以关怀为核心的教育理论。

诺丁斯从哲学和历史的视角反思整个西方男性主义文化传统，全面建构关怀伦理学，不同于康德的义务论伦理学，诺丁斯的关怀伦理学更重视某种行为选择会有什么反应，即关注该行为是否有助于维系关怀的关系。在美国，她的关怀教育理论被认为是后柯尔伯格时代最重要的教育理论之一，同时她的理论也得到跨国界和跨文化的接受。

与传统教育理论相比，诺丁斯的教育理论的特点之一是对儿童生命的尊重、是对儿童的关怀。特点之二是重视儿童的体验和感受，诺丁斯认为，关怀始于关怀行为，完成于儿童的被关怀感受，因为个人的感受如此重要，重视儿童对关怀的需求、体验和感受，是教育极其重要的观点。

特点之三是强调成人的榜样作用，在现代社会，成人要想培养孩子关怀之心，就不能空泛地复述如杜威所说的那种“关怀的知识”，因为关怀不仅是理性问题，更是情感和行为的问题。现在，世界人口文化层次在提升，但越来越多的学者却在焦虑地讨论人与人之间的冷漠、道德的碎片化现象，所以关怀的行为才是建立信任关系的基石，只有关怀的行为才能给予儿童被关怀的温暖感受。知识是中性的、无情感的，而关怀型的榜样作用是儿童学会关怀的示范与动力。

特点之四是突出教育的实践性特征。诺丁斯使自己的理论和实践高度一体化，她的理论打上了鲜明的生活史烙印。作为十一个孩子的母亲，其中有三个是领养的国际儿童，诺丁斯在其著作中多处提到这些孩子各具特点，但她都爱护、鼓励他们充分地发展自我[①]。

母亲是生命的代言人，生命的解释者，也是生命的权威，是利他的第一角色。母亲拥有最高等级的生命智慧，也就拥有了最高等级的生命力量，这种力量是通过母亲的无私、慈爱、关怀、博大和无条件的操劳而获得的。在所有的人类成员的眼里，母亲是世界上最可信赖的人，像大地那样坚实可靠。母亲的动机永远都是最纯洁的，母亲角色集中了除公正之外美德的所有含义：无私、利他和关怀。

母亲角色所包含的人格影响、道德影响，深刻作用于儿童的发展，成为影响儿童发展的最重要他人。无数的成年人，不管是统治者或平民、成功者或芸芸众生，只要追忆母亲，都有说不尽的最深切感慨。母亲关怀是人类个体发展的第一利他要素，母亲关怀奠定儿童心智、情感、价值取向的基础。

三、家庭教育的利他品质培养

（一）启迪儿童的利他观念

有研究者认为，一个人为造福他人而做出牺牲的意愿，在很大程度上

① 侯晶晶，朱小蔓．诺丁斯以关怀为核心的道德教育理论及其启示．教育研究，2004（3）：36–43.

依赖于他对自己利他性的看法。虽然人类至今还没有有效办法准确地查明利他性的人格特质，但与那些不认为自己具有仁慈、同情、乐于助人品质的青少年和成人相比，把利他倾向看作自我概念重要组成部分的青少年和成人，确实具有更强的利他倾向[①]。

家庭教育发展儿童的利他观念还可以采用各种生动形象的方式，以适应幼儿认知发展水平，促进儿童利他观念的发展。比如，通过讲故事让儿童知道什么是好的行为，什么是不好的行为；通过模拟游戏，让儿童通过对假设困境的处理来学习利他行为，使幼儿在愉快的游戏中，在评论别人和想象自己的行为中，具体懂得在集体中做个好孩子应该怎样对待别人的困境，从而提高幼儿利他观念水平。

（二）优化儿童利他情感

1. 培育儿童移情的动机源

移情主要指一种体验他人情绪的心理过程，广义上指“人际交往中人们彼此间情绪情感相互交流的替代性体验，是人际间情感双向移动的过程，可以是主体知觉到别人的情感体验时，引起自己的情绪性反应，也可以是主体以自己的情绪情感状态去理解别人的情感反应”[②]，狭义上移情则只指主体知觉到他人的情感体验，从而引起自己相似的情感反应，并促成对对方幸福的关心和利他行为的产生。另一种与移情相近的情感则是同情，卢梭在《爱弥尔》一书中提出，同情是对他人痛苦的“怜悯”。我国学者也指出，对他人痛苦的同情，即“恻隐之心”，是道德的源头[③]。而且在现实生活中，对他人痛苦和不幸的同情更具有道德上的意义。

有学者认为，亲社会行为有三种重要的动机源：一是作为利他的无私

---

① 王海梅，陈会昌，谷传华．关于儿童分享的研究述评．心理科学进展，2004，12（1）：52–58. 让 5 岁和 8 岁儿童完成以下活动：A. 向可怜的儿童捐赠弹子，B. 与没有铅笔的同学共用铅笔，C. 帮助实验者完成一件乏味而重复性的任务。儿童一旦捐赠，或开始干乏味的工作，他们就被告知，他们是“友好的”或“乐于助人的”（自我概念训练条件），另一种情况是什么也不说（控制条件）。一两周后，发现，自我概念训练对 8 岁儿童所产生的影响远比对 5 岁儿童的影响大。被告知是“友好的”或“乐于助人”的 8 岁儿童比控制组儿童更可能为生病的孩子画画，与他们分享自己的东西。

② 教育大辞典编纂委员会．教育大辞典：第 5 卷．上海：上海教育出版社，1990：291.

③ 何怀宏．伦理学是什么．北京：北京大学出版社，2002：142–144.

的动机源，是以他人为中心的；二是以规则为中心以道德取向为特征的动机源，目的在于坚持行为的规则或原则；三是移情的动机源。提高儿童的移情水平可以提高其亲社会行为水平：一方面，移情情感的增加可以使主体产生一种他人中心或利他主义思想，从而产生亲社会行为的动机，另一方面，移情情感在主体内部激起了某种消极的情绪、情感体验，主体从自我中心的愿望出发，产生降低他人痛苦的动机，从而产生帮助等利他行为①。

移情是儿童利他行为和其他亲社会行为的一个中介因素，它是通过使个体的亲社会行为建立在自愿的基础上而乐于助人的动机源泉，从这个意义上讲，移情会逐渐变成亲社会行为的重要动机。还有一些研究也表明，在年幼儿童身上，移情和利他行为的相关非常小，而在青少年前期到成年期，两者的相关较高。另有研究发现，一个生气的孩子也许更可能攻击同伴或霸占玩具，而一个高兴的孩子更有可能分享②。

儿童利他发展还存在着性别和年龄的差异。有一项关于分享的研究表明：幼儿作为利益主体的利他性分享行为存在显著的性别差异，女孩比男孩表现出更多的利他性；幼儿遭遇攻击性分享行为的比率存在显著的年龄差异，并有逐年升高的趋势；幼儿作为利益主体发生利己性分享行为的比率存在显著的年龄差异，有逐年下降的趋势③。

总体上讲，学前、小学低年级阶段的儿童，移情与利他之间存在中等程度的相关，而在前青少年期、成人阶段，两者之间的联系则强得多。

2. 礼以养欲

“礼以养欲”是荀子用语，是关于礼仪的起源及其功能的思想，意为用礼来调节人们的财物之欲。日常生活世界中的人类与生俱来的“欲求”所唤起的“现实焦虑”，首先是“生存焦虑”，如赫勒所言：“人降生于一个独立于他而存在的世界中。在这一世界中他必须维持自己，考验自己的生存性。”人怎样才能在一个资源短缺的世界中维持自己的生存，这是每一个现实生存者所共同面临的焦虑，也是产生利己的根源。其次，“性与生殖”是自私的，在日常生活中，如何维持“性”的专享、保持自己遗传

① 王小英，张宇．幼儿亲社会行为发展的制约因素与对策．学前教育研究，2000（6）：7–9.

② 同①．

③ 李德显．幼儿分享意识、分享行为发展研究．学前教育研究，2003（12）：16–18.

基因的延续，这也是人类的主要焦虑[①]，这是利己的根源也是人类自身痛苦和社会破坏力的根源。

故而荀子指出，“人生而有欲，欲而不得，则不能无求，求而无度量分界，则不能不争。争则乱，乱则穷。先王必恶其乱也，故制礼义以分之，以养人之欲……使欲必不穷乎物，物必不屈于欲，两者相持而长，是礼之所起也。”意思是说欲望是与生俱来的，有所求则有争斗，有争斗则社会动乱，因此要制定礼仪来约束人的欲望。荀子非常清晰地论述了礼对于调节人类原始欲望的重要功能，也就是“以礼养欲”的功能所在。

《礼记·礼运》指出“何谓人情？喜、怒、哀、惧、爱、恶、欲，七者弗学而能。何谓人义？父慈、子孝、兄良、弟悌、夫义、妇听、长惠、幼顺、君仁、臣忠十者，谓人之义。讲信修睦，谓人之利。争夺相杀，谓人之患。故圣人之所以治人七情，修十义，讲信修睦，尚辞让，去争夺，舍礼何以治？饮食男女，人之大欲存焉。死亡贫苦，人之大恶存焉。故欲恶者，心之大端也。人藏其心，不可测度也。美恶皆在其心，不见其色也。欲一以穷之，舍礼何以哉？”中心意思就是人的欲望是强大的原始力量，要予以约束，引导有利于维护社会生存的积极要素，就一定要制定礼义，修养礼义，提倡辞让和睦，避免争夺，遏制人欲，否则社会必然陷入混乱。

在这一点上，无论古代与现代，“礼”都是必不可少的教化机制，在现代中国，礼的缺失、家礼的缺失，必将导致社会、家庭心理秩序的混乱，破坏家庭和社会的正常功能。

（三）利他榜样的良好示范

1. 利他的榜样示范

榜样示范是影响儿童利他行为的重要途径。研究资料显示，行为榜样能有效地引起儿童的利他行为。一项研究让四年级和五年级的男女学生玩滚球游戏。游戏中儿童赢得一种可到玩具店换礼物的代币。结果发现，当儿童观察慈善或助人的榜样时，他们自己一般会有更多的亲社会行为，如果这个榜样是他认识和尊敬的，并和这个榜样建立了温和、友好的关系，

---

① 段江波.“日常生活世界”的道德秩序建构：先秦儒家的尝试.伦理学研究，2005（2）：43-48.

他们表现出的亲社会行为就更多[①]。

相反，如果在儿童心目中是一个自私自利的人教导孩子利他，或表扬孩子的利他行为，通常会起到相反的作用，会降低儿童分享或友善的倾向。所以如果家长自己做事自私，却表扬儿童的好人好事，儿童就会发觉家长的言行不一，会使儿童疑惑："为什么我为别人做出自我牺牲，而爸爸妈妈却不这样做呢？"在家庭生活世界里，榜样的作用是自动发生的，不管是正面的还是负面的榜样，这就是社会学习理论对榜样作用的诠释，榜样的作用因此也叫做"观察学习"。

榜样的影响是长久的，观察了慈善榜样行为的儿童，比那些观察了自私榜样行为的儿童，在后来表现得更慷慨，甚至在两三个月以后测量也是如此。可见，利他行为的榜样真的能促进亲社会习惯和利他主义价值观的发展[②]。

亲社会行为获得的近期研究与以往的结论一致，都证实了榜样对亲社会行为有积极的影响。研究家庭环境与儿童的利他行为，结果发现：利他行为的总数量与母亲在儿童面前对待别人痛苦的方式有关[③]。另外一项实验研究探讨榜样的性质和类型对幼儿获得利他行为的影响证明，只有具有养育关系的成人榜样在真实生活中示范利他行为时，才能成功地培养幼儿真实生活中的助人行为。

2. 家长榜样的示范

一个家庭如何面对和解决"在一个资源短缺的世界中维持自己的生存"的基本焦虑，一个家庭的家长如何以利他机制凝聚整个家庭，有利于整个家庭的生存，对儿童的影响深刻而持久。在现代是如此，历代也都如此。在应对生存焦虑方面，许多家长的表率、示范非常出色。朱德元帅在回忆母亲时写道："勤劳的家庭是有规律有组织的。我的祖父是一个中国标本式的农民，到八九十岁还非耕田不可，不耕田就会害病，直到临死前不久还在地里劳动。祖母是家庭的组织者，一切生产事务由她管理分派，每年除夕就分派好一年的工作。每天天还没亮，母亲就第一个起身，

---

① 王海梅，陈会昌，谷传华．关于儿童分享的研究述评．心理科学进展，2004，12（1）：52−58.

② 同①.

③ 王小英，张宇．幼儿亲社会行为发展的制约因素与对策．学前教育研究，2000（6）：7−9.

接着听见祖父起来的声音，接着大家都离开床铺，喂猪的喂猪，砍柴的砍柴，挑水的挑水。母亲在家庭里极能任劳任怨。她性格和蔼，没有打骂过我们，也没有同任何人吵过架。因此，虽然在这样的大家庭里，长幼、伯叔、妯娌相处都很和睦。母亲同情贫苦的人——这是朴素的阶级意识，虽然自己不富裕，还周济和照顾比自己更穷的亲戚。她自己是很节省的。父亲有时吸点旱烟，喝点酒；母亲管束着我们，不允许我们染上一点。母亲那种勤劳俭朴的习惯，母亲那种宽厚仁慈的态度，至今还在我心中留有深刻的印象”①。

而且，中国传统家庭伦理“孝慈而忠”体现了天然的家庭利他原理对个体发展的重要作用，“君子之事亲孝，故忠可移于君”，子女与父母之间的血缘关系因其神圣性和崇高性具有不可替代的价值内涵。感念母亲任劳任怨、勤劳俭朴、宽厚仁慈、克己济人的利他精神，推及尽忠于民族大业，这正是家庭教育的利他原理所在。

正因为这样，朱德元帅说“我用什么方法来报答母亲的深恩呢？我将继续尽忠于我们的民族和人民，尽忠于我们的民族和人民的希望，使和母亲同样生活着的人能够过快乐的生活。这是我能做到的，一定能做到的。”

（四）优化家庭教养的方式

1. 情感解释法

儿童最初生活经验、一般的品行评价和行为习惯都是通过父母获得的。父母的育儿方式和教养态度影响幼儿的利他行为。一组科研人员研究家庭环境对幼儿利他行为的影响，发现母亲惩戒孩子的方式与孩子利他行为的比例明显相关。有的母亲经常使用“情感解释”的方法进行利他内化，“你使弟弟哭了，咬人是不好的”；有的母亲使用中性的解释：“弟弟哭，是因为你推了他”；还有的母亲使用不加解释的禁令、身体的限制和体罚：“再也不许你去碰别人的眼睛”。研究结果发现，达到高频率的利他行为的儿童与母亲的情感解释相关联，特别有效的是母亲运用利他内化和陈述原则的方法，而不加解释的禁令和体罚与儿童低频率的利他行为相关联，中性解释对两种事件都很少有影响。

① 朱德．回忆我的母亲//义务教育教科书《语文》：八年级上册．北京：人民教育出版社．

2. 温和与严格的要求

有一项对233名学前儿童及其家庭抚养方式的8年研究，提出理智的鼓励、严格要求的家庭训练与幼儿的责任心、自信心有很大关系。认为父母温和的说理、严格的要求将会培养以亲社会方式行动的儿童，即父母希望幼儿做什么，应清楚地让幼儿知道，另一方面父母要行使反对幼儿某些愿望的权力，而不要畏缩。上述研究证明：父母必须与幼儿建立温和友好的教养关系。父母维护其权威地位是重要的，但不能通过武断来实现。权威型教养方式对儿童利他行为最为有利，权威型父母教养方式培养的儿童，利他行为多于溺爱型方式培养的儿童。李丹研究发现：人际交往状况对儿童亲社会行为有影响，儿童合作、友善等亲社会性行为和同伴接受性呈正相关，而攻击性与破坏性则导致同伴的拒绝。

另有研究表明，儿童社交能力与利他行为有关，爱社交的学前儿童表现出更多的利他行为，不爱社交的学前儿童表现出很少的利他行为。研究表明三种父母教养方式下幼儿利他行为存在显著差异，父母是权威型教养方式的幼儿利他行为出现频率最高[①]。

3. 权威型教养方式

研究表明，父母教养方式和子女气质之间存在着一定的良性循环关系或恶性循环关系，并从一开始就影响其与父母的交往，表现出不同的个性特征。幼儿气质表现为容易适应、易于抚慰的、易社交的，会导致父母温和、反应迅速的教养方式；幼儿气质表现为易怒的、苛求的和退缩的，会导致父母的激怒、疏远或缺少刺激的教养方式。温和型和反应迅速型父母可以减少幼儿气质中负面情绪的发生，而疏远或缺少刺激的父母教养方式会加强抑郁特质的发展。良好的父母教养方式对幼儿优良性格的形成起积极作用，权威型父母坚定、热情，并考虑孩子的意见；而溺爱型父母允许孩子为所欲为，幼儿个性成熟较晚，不会与人合作[②]。

---

① 刘文，杨丽珠. 社会抑制性与父母教养方式对幼儿利他行为的影响. 心理发展与教育，2004（1）：6-11.

② 同①.

第八章

家庭教育的叙事性原理

语言是人类生存极其重要的手段，也是人类智慧的标志。语言的功能众多：交流信息、获取信息、传递经验、表达感情、统一思想、社会管理等，因此使用语言也成为人类的生存方式。在现代，学校教育的主要方式是课程与教学，两者都是借助语言功能为主的传授，语言传授成为现代学校班级授课的主要方式，也是学校教育的优势途径。

然而家庭教育的方式并不主要依靠语言传递方式，它并不依靠课程与教学，不依照系统完整的教育计划进行教育，而是依靠家庭的生活世界自身的语言方式进行，这种语言方式就是叙事性的。叙事性的语言是家庭教育的主要语言特点。那么什么是叙事性语言呢？“叙事”原本是文学的写作用语，指以某种文学形式叙述一个或多个真实或虚构的事件，并按照一定的次序讲述或描写。此外，也可以是历史学对历史事件的讲述。

家庭教育的主要语言方式，是家庭生活中以叙事为主的语言方式，这种语言方式是伴随家庭生活世界的情境而自然发生的，具有生活世界教育机制的特质。所以叙事性成为家庭教育的重要原理，并具有唯一性。家庭教育的叙事性原理涉及语言、文化、教育、心理等理论，有叙事、隐喻、原型、神话（童话）、阅读、语境等，围绕这些问题展开论述，探究家庭教育叙事性原理，并据此寻找优化家庭教育的语言方式。

一、叙事及其隐喻、原型

相对学校教育的语言方式而言，家庭教育的语言是生活化的，是家庭生活情境的一个有机部分。情境之中有语言，语言因情境而使用。除了语言所传递的概念和道理，还有情境中的动机、态度、情感、价值以及言语的方式，包括无声的肢体语言、甚至无意识的投射。家庭教育的语言方式，主要是叙事性的。

在人类语言和思维研究领域，有两个词汇很精当地概括了人类的一种语言方式，也是一种思维方式，那就是“隐喻”和“原型”。语言界大多数人都接受了这一观点：隐喻是人类语言的本质，原型是人类思维的基本方式。而隐喻、原型都与家庭语言的叙事性方式密切关联。

（一）叙事：儿童的思维方式

英语“叙事”（narrative）一词源于拉丁文的narratio，它的本意指的是行为和具有连续性的体验叙事，“是人们将各种经验组织成为有现实意义的事件的基本方式……叙事既是一种推理模式，也是一种表达模式。人们可以通过叙事‘理解’世界，也可以通过叙事‘讲述’世界。”一般来说，叙事包括过程和内容两个方面，叙事可以是一个过程，是一个讲故事的过程，而“当把叙事形式用于经验或想象的事件时，就产生了故事。”①

有学者指出叙事“简单得就像生活本身……是国际性的、跨历史的、跨文化的。然而，它远不同于一个问题，叙事有充分理由看作是普通人所关心的问题的解答，这些问题即：如何将理解了的东西转换成可讲述的东西，如何将人类经验塑造成能被一般人、而非特定文化的意义结构融入的形式。也就是说，叙事是一种元编码，一种基于有关共享实在本质的跨文化信息能够被传递的人类普遍性。”②

叙事性的语言方式对于儿童意味着什么呢？首先，儿童的思维是叙事

---

① 杨宁．叙事性思维和儿童道德教育．南京师大学报（社会科学版），2005（5）：79−83.

② 怀特．叙事性在实在表现中的用处//陈新．当代西方历史哲学读本（1967—2002）．上海：复旦大学出版社，2004.

性思维，这在一定程度上决定了儿童的教育必须建立在叙事性思维特征的基础上，更多依靠故事（包括寓言、神话、童话、逸闻等）的讲述而非抽象的推理和教条，向儿童传递“勇敢”“正义”“同情”“诚信”和“尊重”等核心价值。这样，教育才能真正与儿童的心灵相契合，潜移默化，润物无声。儿童的教育需要“儿童化”“情境化”“生活化”，还需要语言方式的叙事化。用讲故事的方式给儿童描述的世界，不管是真实的还是虚构的，都能提供给儿童世界的意义和体验，促进儿童对世界、对他人和对自己的认识。

（二）隐喻：我们赖以生存的思维方式

1. 隐喻是人类思维的本质

美国语言学家莱考夫（G. Lakoff）和约翰逊（M. Johnson）在《我们赖以生存的隐喻》一书中首先提出当代隐喻理论，认为隐喻不仅是人类语言的一种形式，而且是人类思维和行为的基本模式，指导人类思维和行为的大多数概念都是隐喻性的。人类在与外部世界相互作用的过程中获得直接的经验，通过所获得的直接经验来认知更加抽象和复杂的事物，人类建构起自己复杂的概念体系。人类概念体系是人类思维和行为的基础，其中的大多数概念都以隐喻的方式构成。正是在这个意义上，隐喻是我们赖以生存的思维方式[①]。有学者认为人类语言体系的建构和运用很大程度上是隐喻方式的结果，普通语言中大约70%的表达方式是源于隐喻概念，所以从某种意义上说语言就是隐喻性的[②]。

2. 隐喻是认知世界的直接工具

隐喻的本质在于人类隐喻式的思维方式，人类思维方式的隐喻性决定了语言的隐喻性。隐喻广泛存在于人类语言之中，隐喻是人类认知世界的直接工具，隐喻的语义特征为人类进一步认识世界创造了条件。隐喻性是人类认知方式，是语言的本质特征[③]。

---

① 薛忆沩．当代隐喻理论的基本框架．书屋，1996（6）：36–39.

② 侯磊．言语交际中的隐喻理论．河南科技大学学报（社会科学版），2004，22（4）：66–68.

③ 董革非．论隐喻性是人类语言的本质特征．东北大学学报，2003（5）：379–381.

亚里士多德在其《诗学》及《修辞学》两部著作中开创了隐喻研究。在随后两千多年的历史中，隐喻研究经历了古典主义阶段（替代理论及比较理论）、浪漫主义阶段（理象理论）以及现代主义阶段（作用理论）。这三个阶段理论的共同特点是将隐喻仅仅当成一种语言现象，构成隐喻研究的传统。亚里士多德认为“隐喻是天才的标志”，有人推测隐喻方式是不可教的，因为它源自天生的才能[①]。

因为隐喻“渗透了语言活动的全部领域并且具有丰富的思想经历，它在现代思想中获得了空前的重要性，它从话语的修饰的边缘地位过渡到了对人类的理解本身进行理解的中心地位”。实际上隐喻不仅是修辞学和诗学的中心问题，而且成了哲学、心理学、艺术史、神学、语义学、翻译学、逻辑学等学科无法回避的问题[②]，同时也成为教育无法回避的问题。

3. 隐喻具有形象性、情感性

在隐喻里，情感具有形而上的意义，用存在主义的话语讲，它是“此在”的存在方式。由于隐喻的形象性，它能把呈现的意义置于眼前。隐喻使用相似性的表达，把两个本来遥远相距的东西放到了一起，因此隐喻实质上是中介于事物的相似性。

经验是人类认知的基础，也是概念隐喻的基础。人类语言作为深层的概念体系的表现，反映出了人类概念体系的构成方式。概念隐喻理论正是通过日常语言中的例子获得不断的证实，汉语中大量的材料证实了概念隐喻理论的普遍性[③]。笔者认为，隐喻基于经验而产生，在语言中具有无所不在性、文化浓缩性的属性，这提示我们在教育理论中，隐喻理论具有它重要一席之地，尤其在儿童的语言发展、思维发展领域，借助隐喻方式，能够建立起概念之间的有序联系，建立起基于相似的、经验的、浓缩的、具体形象作为支持的思维基本单位群，在家庭教育的叙事领域，更具有其理论价值。

（三）原型是人类的集体意象

1. 原型及原型的特点

所谓原型，就是原初意象。荣格认为，原型在本质上是一种神话形

① 严世清．隐喻理论史探．外国语（上海外国语大学学报），1995（5）：27−31.
② 同①．
③ 薛忆沩．当代隐喻理论的基本框架．书屋，1996（6）：36−39.

象，它是集体无意识的一部分。他说："每一个意象都有着人类精神和人类命运的一块碎片，都有着在我们祖先的历史中重复了无数次的欢乐和悲哀的一点残余。"荣格和弗莱（Northrop Frye）分别在《论分析心理学与诗的关系》和《作为原型的象征》中界定了原型。荣格称"原型是反复发生的领悟的典型模式，是种族代代相传的基本原型意象"①。他认为，集体无意识的内容是原型或原型意象，从一个人出生开始，这种意识就潜移默化地影响着他的心理活动。荣格把这种人的头脑中继承下来的祖先经验称作"种族记忆""原始意象"或"原型"。弗莱称原型为一种典型或反复出现的意象，原型把一首诗和别的诗联系起来，每个诗人都采用自己以为是创新或独特的意象。

但是，当时跨千年、地距万里的诗人在交通和信息技术很不发达的时代和地域不约而同地使用相同的意象时，人们发现，这些意象是人类文学整体的模式、程式和原型象征，是一代一代流传下来、可以交流的玄妙符号。"诗歌在词汇中唤起对原始词语的共鸣。"② 如果没有原型的共性，那么纵向数千年、横向全世界的文学艺术作品就很难得到广泛的欣赏和交流。

原型可以分为意象、细节描写（如四季的循环交替、人的生老病死等）、情节（如善恶斗争）和人物四大类型。人物又可分为善恶两类，善者还可细分为灵魂拯救者如上帝、耶稣、神职人员，肉体拯救者如救人于危难之际的英雄好汉、智者、谋士，例如所罗门、罗宾汉、孙悟空、智慧之诸葛亮、忠义之关羽等。

原型有强劲的继承性、传播性和无限生成转换性，如同词语、音符和几何图形，原型在不断的组合排列中产生无穷的既似曾相识又陌生的人物、文章、音乐、图案和绘画。《灰姑娘》是个很好的例子，这个源于民间故事的神秘童话据考可追溯到 2 500 年前的埃及，到如今流传在世界各地的《灰姑娘》竟多达 700 多个版本。原型可以在神性世界、人类世界、动物世界、植物世界和矿物世界间自由转换，东方和古希腊的神话和民间传说中，我们反复看到人变动物、动物变人、植物变成人、人变成植物、石头变成人和人变成石头。荣格认为集体无意识的内容就是原型，就是原型的积累和沉淀。

---

① 张中载．原型批评．外国文学，2003（1）：69–74.
② 同①.

二、讲故事：儿童发展与叙事性原理

家庭教育的言语形式、方式，主要以叙事的方式呈现。家庭教育的叙事性实际上也是因为家庭教育生活世界的故事性、情境性，只是它是通过言语描述和创设的情境，使儿童通过语言机制在大脑再造相应的情境，借助生活世界的多元功能，完成个体的学习和发展。

（一）人类为什么喜欢神话

1871 年，英国人类学家爱德华·泰勒（Edward Burnett Tylor）的《原始文化》问世，首次对神话进行系统的研究，创建了神话学中的人类学派。之后心理学、语言学、哲学、文论、文学史等都各自从本学科角度研究神话。到 20 世纪后半叶，神话研究在西方已经成为一门显学，这也许是人类对理性的科学技术的一种反动，就如 18 世纪和 19 世纪西方科技迅猛发展时醉心于神话的浪漫主义诗人用讴歌、弘扬“主体”“自我”的浪漫主义来反对理性主义那样。

神话和仪式是原始人在天、地、神之间寻求自己的地位的努力，是他们在无序的世界中寻求秩序的努力，是他们无力对抗天灾时寻求宇宙和自身意义的一种解释系统。荣格认为，这一系统为原始人的生活提供了大大超出他们有限生存范围的前景，赋予他们展示性格的广阔空间，也为他们提供了作为完整的人的全部生活。

1. 神话是人类梦想的永恒形式

海德格尔认为科学技术的发达已经陷人类于“无家可归”的困境，人类只能在神话中去找到自己的家园。弗莱在他的原型理论中，称文学为“移位的神话”，就是指出了文学中的很多情节、人物是古代神话在文本中的“复活”。古代神话在它的传播绵延中，构成了世代作品的基本精神和基本结构，而神话在一个民族或全人类的精神史中，是一个可以被重复演绎的隐喻世界，文学家则用血肉丰满的人物，来揭示这个隐喻世界里潜藏的东西。同时，由于神话与现实在时间链条上的巨大跨度，以及建构在这个巨大时间跨度上的精神“同一性”，使文本带上深刻的宿命意味，它牵连起人们对过去和未来的不可摆脱的命运的感喟，产生了震撼人的心灵世界的巨大悲剧感。因而神话中的人物其实就是一种世世代代绵延的心理经验的结晶[①]。

神话投射着人类的愿望，尤其是现实中不易实现的愿望。弗莱说："就叙事而言，神话是对以愿望为限度的行动，或近乎愿望的可想象的限度的行动之模仿。"他指出，神的启示象征所表现的是一种无限地满足人的心意的世界，在这里人的欲望和野心被改造为神，或与神融为一体。如天堂、天使、上帝、复活等都是人的愿望和欲望原型。耶稣的复活是人求永生的愿望。若非死不可，也要死后再生，即便是躯体不得不死，也要让"灵魂"长生不死。"愚公移山"中的愚公、太阳神以及为人类盗火的普罗米修斯是"人的欲望和野心被改造为神，或与神融为一体的例子。"[②]

柏拉图把艺术看作是人头脑清醒时所做的梦：发泄人的愿望、欲望以及嫌恶和恐惧，神话表达人类集体的欲望和恐惧。在原型理论看来，这思想或主题就是一个梦，这个梦是愿望和现实之间冲突的表现。荣格把艺术看作是人生的梦，人对生活现实不满，于是在追求艺术之梦的无意识中寻求补偿。正如古罗马哲学家所说，梦反映我们内心世界的美好幻想。人们用梦境中的完美来弥补现实世界的不完美，使自己能在不完美的现实生活中顽强地活下去。尼采说，希腊人认识并且感到生存的恐怖和悲惨，为了能够完全活得下去，他必须在恐怖和悲惨面前使奥林匹斯山上诸神的光辉梦境得以诞生[③]。

2. 神话是人类精神世界的向往与坚守

神话是具有价值论意义的，神话的产生给人以希望的一种有价值的世界图景，它证明人和整个世界有权成为某种神话意识的体现者这一最高价值。神话是一种自夸手段，这种自夸往往是毫不掩饰的，但也经常是含糊不清的。神话还具有补偿职能，神话的补偿职能指的是借助神话使那些未能得到真正满足的需要得以实现和满足。在神话里需要的实现是假想的，理想已被投射到神话中，自己本身与自己的理想、愿望与现实在神话中是视为同一的[④]。

---

① 刘聪．嫦娥之死：《青衣》的神话原型解读．名作欣赏，2005（5）：105-108.

② 张中载．原型批评．外国文学，2003（1）：69-74.

③ 同②．

④ 皮沃耶夫．神话在文化中的职能．玉清，选译．国外社会科学，1994（2）：45.

弗洛伊德写《梦的解析》得益于尼采（Friedrich Wilhelm Nietzsche）的《悲剧的诞生》，前者正是从后者的理论中汲取了营养，形成了他关于梦的学说。弗雷泽（James George Frazer）认为人的思想发展是由巫术经宗教过渡到科学，因此，人的高级思维中仍然保留着巫术、宗教的痕迹，从中可以发现巫术、宗教、神话、仪式和图腾的原型。而尼采对神话研究有浓厚的兴趣。他认为神话是在形而上的层面对世界本质的"类比性观照"。《悲剧的诞生》就是一部运用二元对立模式的著作。

尼采和海德格尔都为神话在科学技术发达后的消亡哀叹。尼采感伤"神话的毁灭"，惋惜神话的消失使"诗被逐出她自然的理想故土，变得无家可归"；其实，神话并未死，古老神话中的许多原型代代相传，经久不衰，比如叶芝的《幻象》、艾略特的《荒原》、乔伊斯的《尤利西斯》、托尔金的《魔戒》、郭沫若的《凤凰涅槃》和《女神之再生》、拉美的魔幻现实主义小说，乃至如今风靡全球的《哈利·波特》。现当代的科幻小说也是借用古老的神话编织新神话。当代文学艺术作品中的"超人"，就是弗莱所说的"人的欲望和野心被改造为神，或与神融为一体，或投射到神的形象上"的又一例[①]。

神话是人类对精神世界的坚守，也是对精神世界的永恒向往。卡西尔（Ernst Cassirer）引用歌德（Johann Wolfgang von Goethe）的一句名言："生活在理想的世界，也就要把不可能的东西当作仿佛是可能的东西那样来处理"。人总是生活在理想的世界，总是向着可能性行进，永远希望超越现实性的规定，这是人类生活的根本特征[②]。

（二）讲故事：儿童教育与叙事原理

有学者指出："故事为我们提供了一种重新描述世界的模式。不管是传记性的或虚构的，故事都提供了我们生活的意义和归属。它们把我们同他人联系起来，同历史联系起来。通过提供一种具有丰富的时间、空间、人物甚至对生活的建议的丰富多彩的画面，故事的结构给我们提供了想象、陈述和隐喻，使我们在道德上产生共鸣，促进我们对他人、世界和自己的认识。"对于儿童的教育，故事的叙述是永远不会过时的文化传统和

---

① 张中载．原型批评．外国文学，2003（1）：69-74.

② 卡西尔．人论．甘阳，译．上海：上海译文出版社，1985.

有效方式[①]。

1. “人是讲故事的动物”

英国学者卡里瑟斯（Carrithers）指出：“讲故事是最强有力的人类活动……叙事性思维是社会性的中心。”德国哲学家卡西尔把人看作是“符号的动物”，指出在某种意义上人更是一种“讲故事的动物”。任何故事都与对人的命运的追问，对人的生存状态的关怀息息相关，都是人类经验的凝聚和积淀。一方面，故事中嵌入了人的愿望、目的和经验；另一方面，故事又滋养着人类精神，给人类生活赋予了意义。同时，任何故事都是特定民族或文化的世界观、价值观、审美观乃至特有的智慧的集中体现。一般来说，每个故事至少都包括：第一，某个或某些特定的人物角色（如主人公）；第二，这些人物在特定时间和空间进行的行为或发生的事件；第三，这些行为或事件所体现的人物的观点、信仰和意图；第四，这些行为和事件在逻辑上、时空上的序列关系[②]。

2. 儿童思维结构是叙事的

儿童的思维是一种叙事性思维，或者说，儿童的心智具有一种叙事性的结构，它与儿童泛灵心理、想象和幻想，与空灵、夸张、重复天然契合。布鲁纳（J. Bruner）提出，在人的心理生活中存在着两种本质上不同的思维模式：例证性思维和叙事性思维。例证性思维又叫做命题思维，是哲学、逻辑学、数学和物理等科学的思维方式，命题思维独立于特定情境，而叙事性思维就是讲故事，是社会生活的思维方式，是依赖于情境的经验。

这种思维模式“呈现的是具体的人和人际间场景，以期展示其特定的效用，它是对现实的描述，是看待世界的一种方式，其目的在于尽量接近现实。叙事模式需要想象力，需要对人的意图的理解和对特定时间和空间的洞察力……叙事模式竭力将一般的人类状况置于特殊的经验之中，并试

---

① 杨宁．叙事性思维和儿童道德教育．南京师大学报（社会科学版），2005（5）：79–83.

② 同①．

图把经验置于时间和空间之中”[①]。

叙事性思维与儿童社会性的发展有着密切联系，儿童的社会化，社会规范和角色意识的内化很大程度上正是通过叙事的方式实现的。儿童的叙事性思维先于并优于间接性、抽象性和一般性，叙事性思维在儿童心理生活中具有不可动摇的中心地位。从叙事与儿童精神活动角度看，3 至 5 岁的儿童开始理解关于他们自己和别人的心理活动、目的和意图，而这正是儿童社会性发展的开始。

3. 童话：儿童依赖的精神甜品

童话是对儿童空想权利的维护，是对说教主义的纠正。周作人曾经对儿童文学观做过比较系统的研究，他指出童话对儿童是必需品，童话对儿童具有独特的价值，童话是儿童精神上最自然的食物，如果不供给儿童，这种缺损没有其他东西可以弥补。从儿童心理发展存在关键期来看，童话作为精神营养的价值就更为突出，儿童早期营养缺损，不是以后的营养可以弥补的，早期没有童话，那么吸收童话精神营养的天生能力逐渐消失，儿童的这方面的精神发育可能就停顿了。

现代儿童心理学证明，儿童在 3 至 9 岁时期，思维特点是主客体不分，客体对主体是依附关系，主要表现为“泛灵的”“任意结合的”“空想的”，童话作为最具空幻性质的故事，对丰富儿童的想象，奠定儿童的心灵，其功能的巨大，可能怎样评价也不过分。

童话基本由神话组成，神话具有系统的概念和形式，是人类精神世界的非现实部分[②]。童话中的人物一出场，就像贴了标签，极易识别，性格非常鲜明、单一。童话常常运用夸张和对比手法来突出人物性格中的某一方面，用极度夸张的美和丑的形象使人判别人物的善与恶。在童话中，恶与善无所不在，两者之间泾渭分明。几乎在每一个童话故事里，善与恶都以某些人物及其行动的形式体现出来。善与恶又是以一系列的对比母题突显出来的。诸如禁止 – 违背、需要 – 帮助、任务 – 完成、绑架 – 营救，等等。

与其他故事体裁相比，童话的显著特点是，有一个明显的善恶（好坏）对立的两极结构，诸如美和丑、勤劳和懒惰、勇敢和怯懦、诚实和欺

---

① 杨宁．叙事性思维和儿童道德教育．南京师大学报（社会科学版），2005（5）：79−83.

② 皮沃耶夫．神话在文化中的职能．玉清，选译．国外社会科学，1994（2）：45.

骗、正直和自私、骄傲和谦虚等之间的差别，“金斧头”“灰姑娘”等童话，安徒生改写的大克劳斯小克劳斯等，都属于这类。这种两极对立反映了儿童对问题的看法。在儿童的思维中，非好即坏，因为他们还不能理解模棱两可的事物。童话使儿童们认识到问题最基本的形式，童话中的人物都是典型的。童话的简单化和缺少逻辑的结局往往帮助缺乏理解矛盾和模棱两可事物能力的儿童理解故事所包含的本质，从而认同故事中的男女主人公及其代表的价值。

4. 讲故事的教育功能

有学者总结了故事的教育功能[①]。首先从历时性的角度看，传统故事起着“文化基因”的作用，文明在其基础上不断进行“模板复制”，从而代代相传，生生不息。从共时性的角度看，故事在社会关系和社会生活中起着“结构性”的支持和凝聚作用，使人产生意义感和归属感。叙事比那些教条具有更大的导向作用。教条表述的是对经历的总结，而叙事是展示和解释这些总结的内在意义。最古老的教育作品是寓言，最常见的非正式教导是佚事。

其次，故事可以使儿童“有意义学习”地学习各类知识，通过叙事的方式，故事中包含的知识与学习者的心理结构中已有的价值观念建立一种实质性联系，以生动、鲜活的情境化方式让儿童获得属于他们自己的领悟。如“狼来了”的故事虽然十分简单，但其叙事的高度情境化的特点使抽象的品行观念有了具体情境和具体形象。

最后，故事能唤起丰富的情感和价值认同感。一个好的故事一定是能打动人，让人感动，唤起人们强烈的情感体验的。讲故事是发展儿童品格的自然方式，是儿童教育者最喜欢使用的教育手段。而且讲故事本身就是一种情感交流的过程，儿童都是在听故事中长大的，讲故事是亲子之间的亲密交流，这也是无可替代的家庭教育功能。品格研究者基尔帕奇克（Kilpatrick）认为：“孩子们在家庭中阅读和聆听适宜的故事，能够对好的、有价值的行为产生一种自然的情感依附，在儿童心灵中植入一种对美的、善的和智慧的珍视和想象。”[②]

---

① 杨宁．叙事性思维和儿童道德教育．南京师大学报（社会科学版），2005（5）：79-83.

② 同①．

三、家庭阅读的培育原理

家庭存在的方式本身就是叙事的。家庭生活情境是人类生存的具体情境，人与人之间的依赖，始终呈现着对待世界和他人的态度、方式和情感。家庭的教育是情境性的、生活性的、经验性的，家庭的话语依赖情境和经验，儿童对世界的理解是类似于故事的一种人际、感情、想象、是非的现象，同时有普遍的因果联系存在。

讲故事也是培养儿童阅读的良好方式，是提高儿童阅读能力的前期条件。喜欢听讲故事的孩子将来更有可能成为阅读爱好者，所以家庭教育的叙事性原理，既包括讲故事，还包括家庭阅读。

（一）阅读是人类永恒的信息方式

1. 阅读与脑机制

阅读的脑机制涉及词汇加工与贮存，在阅读心理学中，对于词汇分解贮存的问题一直存在着争论。争论的一个问题是，词是不是以词素的形式贮存在心理词典中的？一种观点不承认词汇分解贮存的现象，认为词的认知和贮存都是以整词作为单位的。另一种观点则认为词是以词素（词根、词缀）的形式进行贮存的。第三种观点认为，熟悉的词以整词作为存贮的单位，不熟悉的词以词素作为存贮单位。

近年来行为实验和神经心理学的研究发现了词汇分离的许多有趣现象，如规则词、不规则词的分离，功能词、内容词的分离，生物词、非生物词的分离，母语词汇、非母语词汇的分离等。这些研究支持了脑的语言功能的模块化的特点。近年来，人们提出了脑内名词和动词加工有不同定位的假设：动词加工困难可能与额叶损伤有关，而名词加工困难可能与颞顶区损伤有关[①]。

2. 阅读是人类永恒的信息方式

心理学家从认知角度切入，提出阅读是对任意符号的阅读，也可以说阅读是对符号的解释。因此，阅读是读者从书面材料中提取意义的过程。

---

① 彭耽龄，徐世勇．脑的语言功能研究．生理科学进展，1997，28（4）：375-381.

"提取意义"的过程是指从书面材料中提取信息、获得意义。阅读活动具有极其复杂的心理成分，阅读过程还加入了动机、情绪、情感等重要的心理要素，阅读对人格的塑造是一个潜移默化、润物无声的过程。

人类创造了文字，表明人类文化完成了从无意识历程向有意识历程的过渡。从此就开始了阅读活动。著名学者季羡林认为，人类千百年以来保存智慧的手段不出两端：一是实物，比如长城等；二是书籍，两者以后者为主。在发明文字以前，保存智慧靠记忆；文字发明了以后，则使用书籍。把脑海里记忆的东西搬出来，搬到纸上，就形成了书籍，书籍是贮存人类代代相传的智慧的宝库。因此后代的人必须读书，才能继承和发展前人的智慧。人类之所以能够进步，永远不停地向前迈进，靠的就是能读书又能写书的本领……这样智慧的传承也永无穷尽。这样的传承靠的主要就是读书，读书是事关人类智慧传承的大事①。

苏霍姆林斯基曾明确提出，"必须教会少年阅读"。他说，为什么有些学生在童年时期聪明伶俐、勤学好问，而到了少年时期，却对知识态度冷淡、头脑不灵活了呢？就是因为他们还没有学会阅读，人的脑子是一个复杂的整体，如果它的一部分不够发达，就会阻碍整个脑的工作。在大脑两半球的皮层里有一些区域是管阅读的，它们跟脑的一些最活跃最富于创造性的部分密切联系。如果在管阅读的那些区域里有了死角，那么皮层的所有部分的发展就受到阻碍。还有一种危险，在大脑两半球皮层里发生的过程是一去不复返的，如果一个人在少年期没有学会用眼睛和思维把握句子的逻辑上完整的部分，他以后就再也学不会这一点了②。

（二）耕读传家：家庭阅读的文化传统

1. 中国拥有厚重的耕读文化

中国传统社会的家庭阅读是作为传世之法代代相传的，而读书的终极目的是修身齐家治国平天下。古代知识分子有一个很形象的、至今还在使用的名称叫做"读书人"，儒学等经典著述，都是通过读书人的"读"而布其道于天下的，而道德修养的主要方式也是读书，"读万卷书，行万里路"是古代知识分子格物致知、诚心正意、修齐治平、具备经天纬地之才

① 沈小丁，郑辉．论阅读．图书馆，2007（6）：53-55.

② 倪文锦，欧阳汝颖．语文教育展望．上海：华东师范大学出版社，2002：274.

的必经之路。所以读书是中国传统家庭重中之重的大事情。在中国家训中，无一不要求子孙重视读书。

读书首先是为了学习做一个堂堂正正的人，《颜氏家训》认为，若能常保数百卷书，千载终不为小人也。明人吴麟徵在《家诫要言》中说："多读书则气清，气清则神正，神正则吉祥出焉，自天佑之。"其次读书是治生的第一途径，是家族兴旺、持续不衰的保证。如桐城刘氏将职业划为四等：读书为上，次则农工商贾，再次医卜技艺，最后为隶卒优奴，前三等"皆可治生"，允许本族成员依次选择，而从事第四等低贱职业者"玷宗辱族"，要"以罚相随"[①]。

"耕读传家"是历时久远的古训。"万般皆下品，唯有读书高"的价值观和职业观在家训中得到充分的体现。"耕读传家"这四个字的用法始于何年尚不可考，然而相似含义的"耕学"也常见于典籍。"耕读传家"的古训一直延续到现代。对联、匾额等以"耕读传家""诗书继世"为内容的还很普遍。例如"一等人忠臣孝子，两件事读书耕田"，就是经典楹联之一，彰显和推崇着读书耕田为国之本的价值。无数家庭秉承"耕读传家"的理念，造就了无数的书香世家。书香世家是中国社会对上等家庭的极高评价，甚至是一种审美评价，读书的价值就如"书香"二字，其芳香已经流淌百世。

2. 耕读传家造就书香世家

书香世家不仅指多代读书人，同时指藏书丰厚，藏书量是重要的衡量标准。在唐代以前，私家藏书以官宦和学者为主。随着纸张的普及和雕版印刷术的兴盛，宋代以后读书阶层突破士大夫群体，波及乡绅、富贾，乃至一般的布衣学子，私家藏书作为一种普遍的文化风气获得了飞速的发展。在古代，人们获取图书的途径非常有限，家庭藏书是主要来源。中国著名历史地理学家陈桥驿先生回忆自己的学习经历时说，"从家庭来说，我出自书香门第，我祖父是清末举人，藏书盈数屋。"[②]直到现代，一个家庭的书香如何，重要标准还是是否有读书人，是否有数量较大的藏书，尤其是否藏有典籍。

---

① 王玮 . 试论家庭阅读的重建 . 图书 · 情报 · 知识，2004（5）：13–16.
② 同① .

东晋名士谢安的后代谢和赓就写道："我出生在一个世代书香之家。祖上出现过谢安、谢玄、谢灵运等人物。我瞻仰过家藏的这些老祖宗们的工笔精裱册页画像。还记得谢灵运那一幅……其侧的小传上称其文才和诗作'冠于江东'，这是我父母引以为自豪的。为了给祖上增光，父母特别注意对我们的教育和学识的培养。读书在他们眼里看得很重，很重。"谢和赓酷爱诗词，究其原委还是家庭影响，他十分仰慕父亲和长兄能诗擅赋，强烈希望自己同他们一样[①]。

3. 耕读传家成就家学渊源

家学是指儿童的知识技能、专业精神是通过家庭熏染和家庭传授而习得。曾经有学者分析一个现象，之前清华大学中文系的教师中的学术大家，大多数没有中文系的正规学历，也就是非科班出身。被誉为中国现代语言学之父的赵元任先生，本科读的是数学（康奈尔大学），博士攻读的是哲学（哈佛大学），在清华大学担任过物理学和心理学讲师，唯独没有在中文系读过书，而他却开创了现代语言学研究的先河；担任清华大学中文系主任时间最长的朱自清先生的本科是哲学；古汉语研究的泰斗王力先生在法国巴黎大学，闻一多先生在美国修的都不是本行……这足以让世人惊诧。

然而只要对这些先贤行家加以深究，就会发现他们都有一个共同点，那就是家学渊源深厚。从几岁就开始读书，到十七八岁进大学时，已经饱读诗书，满腹经纶，并对传统文化了然于胸，孜孜以求，这种潜在的学历的获得，其时间之长，浏览之广，研读之深，方法之精，是好多大学四年的科班教育远不能及的[②]。

在中国传统社会中，尤其是世族大家，几代、十几代甚至更长的岁月之中，家族成员赖以生存和赢得荣誉的学问、官禄往往是通过家学而获得的。耕读传家、经史传家、诗礼传家都是家学渊源的典型。

（三）家庭阅读的现代构建

家庭阅读强调的是家庭对个人阅读的影响、家庭成员之间在阅读方面的相互作用。构成家庭阅读的要素有家庭所处社会文化阶层、家长文化身

---

① 王玮．试论家庭阅读的重建．图书·情报·知识，2004（5）：13-16.
② 徐葆耕．漫话中文系的失宠．读书，2009（4）：137-145.

份、家庭藏书、家庭阅读空间、家庭阅读习惯、阅读方式、阅读类型、对阅读的情感态度等，这些因素构成家庭的书香氛围，是家庭阅读的重要条件。

1. 营造书香氛围，建家庭书房

书房、书斋、书屋是现代家庭阅读的物质环境，更是书香人家的文化意蕴、文化符号。陈鹤琴先生在《为儿童造良好的环境》一文中指出："要孩子学会阅读，我们的家庭、我们的社会，必定要先有阅读的环境。"梁实秋先生说："一个正常的良好的人家，每个孩子应该拥有一个书桌，主人应该拥有一间书房。"经济学家高希均先生则提倡："家庭中应以书柜代替酒柜、书桌代替牌桌，转移上咖啡馆与电影院的金钱与时间来买书、读书。"一个到处都能看到书的家庭更能培养出爱读书的孩子。

孩子的居室布置上要注意让孩子在他的生活空间里尽可能多接触到书，另外，家长要借助公共图书资源，经常带孩子去图书馆或朋友家借书，上书店选购图书，都是家庭阅读环境的必需构成。

阅读是积累式的学习，早期阅读对儿童今后的学习能力的培养极其重要，家庭阅读环境的好坏直接影响儿童的学习兴趣和学习能力。因此需要营造爱读书、鼓励儿童读书的家庭气氛。

2. 提倡亲子阅读和分享阅读

亲子阅读具有促进阅读能力、促进亲子依恋的功能。儿童喜欢和家长一同读书，主要是喜欢这种阅读的亲密氛围。亲子阅读正在逐渐受到人们的重视，推广家庭阅读则是它们非常重要的一个宗旨。有不少亲子阅读书会是非营利组织，由一群热心儿童出版、图书馆、亲职教育等专业人士创立。其宗旨是培养家庭阅读的健康社会风气，鼓励亲子阅读。某媒体通过互联网进行"家庭亲子阅读习惯"问卷调查，访问1141名年龄3～12岁子女的家长。调查结果显示，与子女一起阅读的受访家庭占89%，亲子阅读书种主要是童话，占85.3%，其次是生活常识图书，占66.9%，阅读教科书占38%，83.4%的受访者子女喜欢亲子阅读；58.3%的受访者认为亲子阅读对优化亲子关系有非常好的效果。

20世纪60年代，新西兰教育学家赫达维（Holdway）等人对阅读过程进行了系统分析后，提出"分享阅读（shared book reading）"，并在新西兰初等教育中被广泛应用。分享阅读，指成年人和儿童并非以学习为目的，共同阅读一本书的活动。起初，以成年人为儿童逐字朗读为主，多次重复之后，随着对故事情节和语言的熟悉性增加，逐步提高儿童对阅读活动的参与水平，使其在整个阅读中发挥越来越大的作用，并最终过渡到儿童自己独立阅读。在新西兰的幼儿园里，孩子们除了游戏，几乎有一半时间都在趣味阅读上。同时“分享阅读”的阅读方法被系统地介绍并引进到了许多国家，教育学家、心理学家都对其理论进行了深入研究，并且结合本国具体情况，进行了必要的补充和改进。另外如日本为培养婴幼儿阅读习惯，政府鼓励新生代父母讲故事给襁褓中的孩子听；美国教育家们也建议家长每天至少有15分钟的阅读活动以培养孩子的阅读兴趣[①]。

关于分享阅读，其实我们相当多的家长早已掌握了分享阅读的方法，尤其在儿童识字阶段前后，家长都会带着孩子一起阅读绘本一类图文并茂的儿童读物。开始由家长带着读，之后逐渐增加孩子的参与，然后逐渐放手让孩子独立阅读，这样的方法是促进孩子识字、增加识字量的好方法。

3. 坚持阅读的非功利性

在现代，功利性阅读主要是指为了赢得考试而进行的配合教学的阅读，阅读局限于与考试直接相关的内容。这一类阅读并非坏事情，但与人类阅读的本质有着较大距离，也就是说，家庭阅读并不一概反对功利性阅读，但是不能以功利性阅读为目的。学习型家庭不等于考试复习家庭，家庭阅读更多是培育一种文化精神，一种书香气质，一种人生态度，培育卓尔不凡、超然物外的精神家园。

培根认为，读书之用有三点，一为怡神旷心，二为增趣添雅，三为长才益智。还有人指出“阅读不能改变人生的长度，但可以改变人生的宽度。阅读不能改变人生的起点，但可以改变人生的终点。”故而有句简单朴素的话：“天下第一好事，还是读书。”[②]

家庭阅读最大的益处是培养儿童学而不厌的“好学”态度，好学境界的形成需要积累，家庭阅读就是良好的积累机制。从儿童2～3岁开始到小学毕业就已经有10年的阅读积累，再加上中学6年，积累的不仅是

---

① 王玮．试论家庭阅读的重建．图书·情报·知识，2004（5）:13−16.
② 沈小丁，郑辉．论阅读．图书馆，2007（6）：53−55.

知识，更重要的是习惯和态度，不仅是学问，更重要的是一种品格。“好学”是儒学中极高的成才评价，也是成才的首要途径。孔子曰：“好学近乎知。”“十室之邑，必有忠信如丘者焉，不如丘之好学也。”并形象地教诲学生：“吾尝终日不食，终夜不寝，以思，无益，不如学也。”

孔子称赞“好学”的学生是颜渊。孔子说：“有颜回者好学”，孔子的三千弟子中，通识诗书六艺者七十二人，而孔子独称颜子好学，原因是颜回不但孜孜不倦以闻，又身体力行以求完善，称得上是真正的好学。孔子还说过不好学的“六蔽”：“好仁不好学，其蔽也愚；好知不好学，其蔽也荡；好信不好学，其蔽也贼；好直不好学，其蔽也绞；好勇不好学，其蔽也乱；好刚不好学，其蔽也狂。”好仁、好知、好信、好直、好勇、好刚都是人的好品质，然而不好学，则往往离好品质越来越远。

四、优化家庭教育语境

（一）什么是语境

语境是语言学、语用学和交际理论的基础概念。对语境的研究开始于人类语言学家马林诺夫斯基（B. Mlinowfski），他指出语言不仅传递信息，而其本身就是一种行为方式。语言学家弗斯（J. R. Firth）扩展了这一概念，认为社会整体、文化、信仰、历史以及言语者之间的关系都是构成语境的要素。韩立德（M. A. K. Halliday）提出场景、方式和交往者是构成语境的三个部分，其中每一部分的改变都可以产生新的语境。而关联理论认为，任何话语都是关联的，话语的理解过程就是寻找关联的过程，在较小的语境中找不到意义的关联，就需要借助更大一些的语境，才能找到话语的关联。

语言是人类本身所特有的交际和思维的工具，那么人类本身的一切也就都可以成为语境。语境是动态的，除了语言背景构成语境，语言本身也是一种语境。语境具有复杂性和开放性的特点，所以语言交流也就成为一个复杂的动态过程，涉及的要素有几个层次。

有学者概括了语境的构成，语境包括语言语境、非语言语境[①]。语言语境包括语音、语法、语义的语境，常用于表达感情色彩，喜怒哀乐或警

---

① 刘良华．教育、语言与生活．华东师范大学学报（教育科学版），2001（1）：29–34.

告、威胁、犹豫、矛盾等情态，或寒暄、婉转、礼貌等，例如重音所表达的是强调、突出、重视等意愿。非语言语境包括情景语境（时间、场合、会话人）、背景语境。不同场合、不同身份、不同时间、不同文化习俗都是决定语言交流是否能够进行的语境条件。如果说使用语言是实现言传，那么语境就是通过意会去达到理解。

（二）有效教育的语言方式

良好的语言方式是有效教育的必要条件，因为“教育的很多危机往往可以从语言那里找到某种原因，教育的危机很可能是言语的危机，很多时候教育出了问题，需要医治的是教育的言语”[①]。例如教育交往的缺失，也可追问到语言那里，有效语言的缺失是交往发生断裂的原因之一。语言要想真正成为一种交流工具，成为促进教育交往双方相互理解的工具，就需要营造一个理想的语言环境。具体来讲，符合有效教育的语言方式的原则包括[②]：第一，语言的可领会性。有效的语言方式是可领会的表达，以便说者和听者能够相互理解。第二，语言的真实性。有效的语言方式提供的是真实的内容，以便听者能分享说者的知识。第三，语言的真诚性。有效的语言方式是真诚的表达，以便得到听者的信任。第四，语言的正当性。有效的语言方式是正当的话语，以便听者能够接受，双方达成认同。

家庭教育语言方式只有符合这四个条件，才能使交流顺利地实现。其中，“可领会性”是一般条件，无论父母对子女说什么，都须让子女明白自己说的意思、指令是什么。真实性涉及“客观世界”，正当性涉及“社会世界”，而真诚性涉及“主观内在世界”。当一个人接受一个论断的真实性，但同时怀疑言语者的真诚性，或怀疑其表达的正当性时，语言沟通就不能达成真正一致的认同。

（三）优化家庭的教育语境

1. 爱的、善的、真诚的

父母对儿童的语言教育，字面的含义并不能构成儿童理解内容的全部条件，父母说的是一回事，与儿童听到的及感受到的可能不是一致的。在

---

① 刘良华．教育、语言与生活．华东师范大学学报（教育科学版），2001（1）：29-34.

② 哈贝马斯．交往与社会进化．张博树，译．重庆：重庆出版社，1989：3.

这里，父母的态度和情感是重要的语境，儿童的情感反应作用于父母也成为重要的语境。例如父母的语言表述是“你一定能够改掉这个坏习惯。”儿童的理解可能是“他们不相信我能改掉”“他们在挖苦我”。

为什么儿童的理解与父母表达的意思相去甚远呢？难道是儿童听不懂语言本身的含义？不是的，儿童听到这句话的时候，会连同这句话的语境一起加以理解。也就是说，儿童从父母说这句话时候的表情、语调以及以往他们说话的习惯、他们对自己是否信任来判断这句话的真正含义。因此，有效的家庭教育语境首先是父母是出于爱的、善意的和真诚的，儿童才能得到字面与语境一致的理解和情感的认同。为什么有的父母费尽口舌还是无效，原因在于语境本身是负面的、抱怨的、发泄的，甚至是敌意的。

2. 权威的、尊重的

家庭语境的权威性是指父母使用语言对儿童进行教育的时候，语言的内容具有权威性。一方面是内容符合价值规范，另一方面是指父母的素养水准与之一致。如果父母的人品、观念和行为并不如他们所教育儿童的那样，那么构成的教育语境就会直接抵消掉家长的教育权威，语境告诉儿童父母并没有做到这些规范，只是口头上说别人而已。因此，父母要求儿童做到什么，前提是自己的素养水准是与之匹配的，家庭教育才具有权威性，这种权威性主要不是语言产生的效应，而是语境所包含的实质性信息。

其次，家庭教育的语境必须是孩子的，家庭是生活世界，亲子之间可以具有相当的随意性，但儿童能够准确感受到父母对自己的真实评价和态度。如果父母轻视儿童的意见，即使一言不发，儿童仍然能够懂得父母作为“一言不发”的语境——父母的真实态度。所以，家庭教育权威的形成需要父母认真对待儿童的感受，在乎儿童的想法，而不是用表面的语言敷衍了事。事实上在亲子教育关系中，不需要多少次，也许就是一次不尊重的话语，家长的教育权威就丧失掉了，这种情况在儿童进入中学以后更容易出现。所以，能好好说话是一种重要的教育能力，家长要学会好好说话[①]。

---

① 赵石屏．家长要学会好好说话．中国教育报·家庭教育周刊，2016-12-01(9).

3. 积极的、建设性的

家庭教育的语言方式也很大程度上决定孩子掌握词汇的方式。一般来讲，孩子的词汇量越大，学习越好。那么儿童的词汇量取决于什么因素呢？根据语言学者研究，父母与孩子的交流方式，影响孩子大脑掌握词汇的方式。儿童在家里能够听到的词汇数量，与儿童上学以后的学习成绩成正相关。

词汇数量的多少，并不是家长直接教给孩子多少词汇来决定，而是孩子与父母交谈的频率高低在起作用，语言交流较少的家庭，孩子大脑的生物成长会迟钝一些，而会话次数比较频繁的孩子，其认知、语言发展会更好。

儿童是天生的社会型学习者，他们在安全感足够的家庭里，能够全方位地从父母那里学到词汇、语言技能、交流方式、反应能力，还有肢体语言、情绪表达。

第九章

礼俗的家庭教育原理

礼仪、习俗，统称礼俗。礼，泛指中国古代的宗法制度以及与此相应的礼节仪式和道德规范①。民俗学家钟敬文先生认为，民俗（或习俗）主要指“一个民族的大多数人们在行为上、语言上所表现出来的种种活动、心态。它不是属于个别人的，也不是一时偶然出现的。它是集体的、有一定时间经历的人们的行动或语言的表现”②。礼制则是通过礼仪程式与规范，塑造人们的行为与思想，通过法律维护礼制的权威。《大学章句·序》指出，“国家化民成俗，学者修己治人”，在传统社会中，道德秩序存在于社会的伦理秩序之中，而社会的伦理秩序一开始纯粹是由对自然界的自然秩序的模仿而来的，是较为原始的人伦生活的有序化，这种人伦秩序接近于自然的秩序，在此基础上经过漫长的积累和演变逐渐形成礼俗，并与自然周期、家庭生活吻合的节奏融为一体，也就具有了人类社会群体生活的有秩序运行。

现代西方制度经济学派的著名代表人物诺斯（Douglass North）把以法

① 金炳华．哲学大辞典：修订本．上海：上海辞书出版社，2001：800.

② 钟敬文．民俗文化的民族凝聚力 // 钟敬文．民俗文化学：梗概与兴起．北京：中华书局，1996：48.

律、政治制度为核心的章程制度叫做“正规规则”，把风俗、习惯等传统性的东西叫做“非正规规则”，是有一定道理的。两者的最大区别在于，正规规则是经过人们反复思考自觉设计出来的，它往往是以正式文书的形式确定下来并告之于众，而非正规规则则是人们在长期的生活实践中自发形成的，这些规则从来没有被设计过，是在重复相互作用（交换）逻辑下诞生的。从历史起源上讲，非正规规则要比正规规则久远得多。诺斯指出：“人类学家关于原始社会的大量文献已清楚地表明，部落社会之间的交换并不简单，在不存在国家和正规规则时，一个紧密的社会网络会导致具有极大秘密性的非正规结构的发展”[①]。

中华民族很早就达到了对民俗的自觉，早在周朝，问俗已经成为政治、文化制度的一部分，《周礼》就是周代民俗的礼制化和管制化[②]。对于民俗与政、教的关系，《礼记》有一段议论：“……天地寒暖燥湿，广谷大川异制，民生其间者异俗，刚柔轻重迟速异齐，五味异和，器械异制，衣服异宜。修其教，不易其俗；齐其政，不易其宜。”表明政治文化制度对习俗的充分重视。

民间习俗是群体的生存规则和习惯，包含着群体中人与人相处、交往、认同的最基本的文化指令和文化符号，包含着最基本的行为方式。民间习俗是个人文化认同、群体成为文化共同体的核心条件，是人类重要的文化遗产之一。人们在人类众生之中如何确定自己的文化归属，经过若干种方法的划分，最终还是转向并依据民俗。中国人对自己的认同，是根据中国民俗符号所代表的几千年的中国文化来认定的，几千年所沿袭的春节、清明节、端午节、中秋节，具有中国人对自己过去和现在认同的本体论意义。

民俗的主体是全体民众，是百姓的生活方式。就中国各民族的重要礼俗来看，绝大部分习俗的程序是由家庭为单位来承载完成的：春节除夕、清明祭祀、端午粽子、中秋团圆、重阳登高等节日形式，都是以家庭活动为中心的民俗符号和程序。笔者认为，中国民俗保留的传统文化至少有三大部分，一是伦理文化，二是祭祀文化，三是科举文化（亦称为文昌文化），这三大文化集中体现的民俗是春节团年、清明祭祀和每年升学考试

---

① 姚纪纲．交往的世界：当代交往理论探索．北京：人民出版社，2002：82.

② 高丙中．中国民俗概论．北京：北京大学出版社，2009：3.

前后的文昌祈福。为什么家庭是中国文化传递的主要承载呢？

第一，最重要的民俗春节是在家庭完成的。春节的节日意义是天地人伦，是团聚，它是一年四季中家庭最隆重的节日。在这个节日里，所有中国汉文化的成员，放下手里所有的事情，不论千里万里，奔回到家这个地方，与父母、家人聚在一起，与所有汉文化成员一起，使用一致的春节符号——过年。

春节的符号是由一系列礼俗符号串联起来的，从腊月到正月，年货、团年饭、除夕的鞭炮、交年的饺子、元宵的汤圆、孩子的压岁钱、新衣服、正月的祭祀、走亲戚等，表述着中国伦理文化的风情，享受着一年之中最完整的收获——劳作的收获，还有心理的收获，与此同时拥有了来年无数美好期待的起点。

第二，清明节民俗承载的是中国的祭祀文化，清明祭祀的全部活动也是由家庭完成的，“慎终追远”是对祖先、对个体自身所在的生命秩序的认同，对血脉相连的亲人的追思和怀念，“清明时节雨纷纷，路上行人欲断魂”，那一时节，追思的心绪如漫天细雨纷纷扬扬，弥漫在整个中华大地。

第三就是中国传统习俗中的文昌文化。文昌文化源于古代读书人对文昌帝君的奉祀。尤其在唐朝之后，历代帝王的加封，形成了有读书之处就有文昌奉祀的习俗，所以文昌文化也叫科举文化。文昌文化包括文昌祭祀、文昌庙会、文昌旅游等。文昌帝君主控科举功名，他手持神笔，面目狰狞，赤身凌空独占鳌头的正义形象，是几乎所有家庭及其学子的希望所在。直至今日，教育仍然是未来社会阶层的预划分，升学考试仍然是社会垂直流动的主要通道，是获得修齐治平的满意人生的最理想途径。遍布全国的文昌祭祀、文昌庙会一类礼俗，是众多考生和家庭必去参与的。

其他民俗，端午节的粽子、重阳节登高、中秋的月饼等为符号的习俗也是由家庭承载完成。礼俗的文化内涵，绝大部分是通过家庭作用于儿童，儿童的学习发生于其中。在习俗年复一年的程序中，完成文化塑造，并持续终身。

哈耶克说，“在社会关系中的非强制性惯例，仍被认为是保持人类社会有秩序运行的本质因素。”传统和惯例生成了自然状态的社会秩序，是因为人们在许多场合仍然方便地按照某种运行已久的行为方式而行动。对于这些惯例，“参加社会过程的个人一定时刻准备并且愿意调整自己以适应变化，并且随时愿意服从惯例。”[①]

一、禁忌、习俗和人类文明

（一）人类文明始于禁忌

习俗是人类文明的重要符号，人类的多种禁忌凝聚于习俗、通过习俗获得程序，得以呈现和表达。从精神分析学的视角看，文明只不过是人类对自然的防卫以及人际关系之间的调整所积累而成的规则、制度的总和。弗洛伊德指出，人类文明始于禁忌，文明是对人的原始欲望的禁忌，因此禁忌几乎等同于文明。禁忌在英语中叫“塔布”（taboo），源于太平洋汤加群岛的汤加语，意思是“神圣的”“不可接触的”或“要极其注意的事”。因此禁忌、习俗与文明之间有着直接而深刻的相关和内在联系。

弗洛伊德指出，禁忌的原始特质，是相信在某种物体中有一种神秘的力量，如果这种物体被触犯，它将对触犯者发出一种魔力或咒语作为报复，这种恐惧后来分裂成为两种形式——崇拜和恐惧（或极端憎恶）[②]。禁忌不仅来源于人们对某种神秘力量的畏惧，而且也包含着人们在与大自然作斗争中长期积累的经验，以及在人际交往中所形成的社会礼俗。

弗洛伊德在《图腾与禁忌》中写道，塔布等于禁忌，它代表了两种不同方面的意义。首先，是“神秘的”“危险的”“禁止的”“不洁的”，禁忌就是被禁止的言行、心理，为了防止可能发生的灾祸。例如禁止在过年的时候说不吉利的话，以免招致一年的倒霉事；禁止儿童手指月亮或者彩虹，以免会被割掉手指。后者实际上是人类对神明、权威或某种神圣力量的敬畏，而前者是对命运中不可把握的神秘力量的敬畏。

有学者分析了禁忌的目的，第一，达到直接的目的。包括保护重要的人物、领袖、僧侣等免于受到伤害；保护弱小者、妇女、儿童和一般民众不受领袖或僧侣所代表的一种神秘的力量的伤害；保护涉及生命的重要行为，生育、成人礼、婚姻和性机能免于受到干扰；保护一般人不受鬼神的愤怒力量所伤害。第二，禁忌可以防止财产、工具等被偷窃。中国有古

---

① 丁大同 . 论道德秩序 . 理论与现代化，2003（6）：44-48.

② 弗洛伊德 . 图腾与禁忌 . 杨庸一，译 . 北京：中国民间文艺出版社，1986：40.

语云："入境而问禁，入国而问俗，入门而问讳。"如果不加注意而触犯了某种禁忌，就会受到惩罚，轻则造成误会，重则导致杀身之祸。麦哲伦（Ferdinan Magellan）在菲律宾群岛上遭到土著人的杀害，就是因为他犯了土著人的禁忌。英国航海家詹姆斯·库克（James Cook）在夏威夷群岛上也是因为触犯了禁忌而丧生[①]。总体上看，禁忌所保护的是人类社会生存的规则和秩序。

人类的禁忌有很多种，其中宗教的禁忌、乱伦的禁忌、避免报应的禁忌、反人类的禁忌是主要类别。道德类别的例如交易的禁忌，如果短斤缺两，升斗不满，其子孙头顶上的囟门就会长不平，永远是一个豁口。再如抛粮遭雷属于反人类禁忌，因为抛粮恶习损害了人类赖以生存的粮食。禁忌与民族风情、宗教信仰和文化心理有密切联系，大到一个民族，小至一个部落，都有各自独特的禁忌言行。

禁忌的基本叙事模式是不要做什么，否则就要受到惩罚。这与民间善恶报应及佛教的因果观念十分贴合。因此，禁忌常被作为伦理教化之用，以增强制止胡作非为的威慑力。一些儿童因做"坏事"而受"神罚"的故事，常是父母们训导其子女的教材。如果触犯了严重的禁忌，如悖逆亲尊，擅改父讳，不送亲终，乃至弑父杀母等，惩罚尤为从重，大多是雷劈火烧，猛虎吞食，油锅烹炸，受尽酷刑，不得好死等。

道德类型的禁忌"鬼神谓之德"，即是相信禁忌的原始特质，畏惧冥冥之中神秘的、不可抗拒的神圣力量，相信其主持着世间的公道与正义，具有强大的道德约束功能，并形成一种复杂的社会道德心理现象，迫使人们自觉自我限制，维护社会道德秩序，平衡社会利益，淳化民风民俗。

（二）禁忌凭借习俗得以表达

禁忌往往最终演化成为民间习俗，普遍地融合在节日、礼俗之中。民间习俗是"民族精神的标记"，它与人类的社会生存同步形成，随人类社会的不断变迁而变迁。民俗与人类生存的自然环境、生存方式、社会制度等密切相关，民俗集合了某一群体的心理特点、语言特点、生活方式和群体意识，凝聚和升华一种超稳定的力量，并以固定的形式，叙事化、故事

---

① 侯晶晶，朱小蔓．论基于关怀式道德教育的道德学习．当代教育科学，2005（4）：15-19.

流传的方式深刻而持久地影响和规定着这一群体的价值观念和生活方式，不能说什么，不能做什么，并得到绝大多数成员的价值认同。

在很多民俗故事中，一种人物往往会经不起某种常人都经不起的诱惑，一定会犯禁，在什么情境中犯禁，并受到了怎样的惩罚，而故事的主人公则成功地抗拒了诱惑，最终进入常人无法进入的境界。民俗故事引人入胜，传达出抗拒诱惑是人生必须要做的事情，不能抗拒诱惑，则不能成功，还要受到惩罚。例如传说中的一些重要禁忌是“不可以回头”“不可说出秘密”“不可贪婪”“不可害人”“不可撒谎”……世界许多民族民间传说故事中都有这些禁忌主题，如希腊、印度、中国等。因人物犯了禁忌，他马上变成石头，这也是世界民间故事中常见的禁忌主题。

禁忌民俗的优势是可以将禁忌事件化、事实化，可以将违禁的恶果非常直观地展示出来，让试图违禁或已违禁者不寒而栗，心惊胆战。连那些无所畏惧、靡所不为的恶棍也要慑于报应的神威。这些人在多次为非作歹之后，不时通过禁忌主题看到某些作恶者“受到神灵惩罚”，对自己的罪恶感到越来越严重的惊恐。

在民间，善有善报、恶有恶报本来是人们的祈愿，但是禁忌民俗的主题故事将这种因果报应变为直接的、实实在在的演绎和呈现，它的威慑作用、劝善功能，是其他道德说教无法相比的。更有意思的是，对不法之人本应绳之以法，可是禁忌民俗宁愿将缺德视作触犯禁忌，让超自然力去惩罚违禁者。禁忌主题对这类禁忌作了有根有据、最具震撼力的演绎。它们是民间自我进行道德教化的独特话语，产生了对因果报应观念宣扬的最佳效果，反衬出民俗的强大的、自成体系的教化力量。

不约而同的是，在世界各种文化里，几乎所有的恶劣行径都曾被纳入禁忌的领域，编织成为一个个禁忌主题，这样，禁忌通过民俗更具有了强大的教化约束功能[①]。尼采指出，每种宗教都有普遍的公式化训诫：做这个，不做那个，你就会获得幸福。这就告诉我们，尽管在古希腊、古代西方和古代中国，人们分别处在不同的国度和地域，分别具有多种社会角色，但是，各种社会角色规范之间并不存在不可通约的矛盾，因为人类存

① 万建中．对民间故事中禁忌主题的功能主义理解．民间文化，2000（11–12）：4–8.

在着某种带有一定共性的生活秩序[①]。

二、礼俗的教育原理

本尼迪克特指出，“习俗在经验和信仰方面都起着一种主导性作用。”甚至她坚定地认为是由习俗而不是天性塑造了人；约翰·杜威曾经严肃地讲过，习俗在形成个人的行为中所起的作用，远远超过了个人对传统习俗所能发生的任何影响，就像他的母语所含的全部词汇远远超出了他的家族土语中所含的他儿时戏语的用语[②]。

个体生活的历史，首先是从家庭开始的，儿童降生于家庭，首要的就是适应家庭所属的那个社群文化传统一代一代口口相传、授受相处下来的模式和规则。本尼迪克特指出“婴儿落地伊始，社群的习俗便开始塑造他的经验和行为；到牙牙学语时，社群的习惯便是他的习惯，社群的信仰便是他的信仰，社群的戒律也已经成为他的戒律。而且每个出生于他那个群体的儿童都将与他共同适应那个群体的习俗。因此，理解习俗的意义成为人类学、社会学、教育学、文化学、心理学等领域的重大命题，以便从中可以洞察历史文化的复杂事实[③]。

（一）礼俗在本质上是情绪的

1. 礼俗的指向

礼俗的一个重要指向是调控人的基本焦虑，这里的基本焦虑是指与生存相关的基本焦虑。情绪心理学认为，人与生存环境直接联系着的需要，特别是在人类长期社会生活中形成的社会生存需要，在人的情绪发生发展中起着重要的作用。需要，既是情绪发生的生物内在根源，又是制约人的情绪社会化的重要内在因素；情绪的适应功能、情绪的分化，它与客观现实，与认识、动机、人格的关系等，都以它与需要的关系为基础。

家庭条件下禁忌习俗早期的介入，对儿童基本焦虑的平衡具有持续终

---

① 万建中．对民间故事中禁忌主题的功能主义理解．民间文化，2000（11−12）：4−8.

② 本尼迪克特．文化模式．王炜，等译．北京：生活·读书·新知三联书店，1988：5.

③ 同②.

身的功效。习俗以它的情感认同功能、秩序功能、道德功能、去自我中心功能、接纳功能，消除儿童原始冲动的基本焦虑，逐渐以习俗文化的调节功能取代生物的原始动力，升华生命的能量，形成健全的情绪、情感品质。

2. 礼俗是情感的认同与归属

梁漱溟指出，传统儒家礼俗主要包含两个含义，一是伦理责任，二是情感联系。“礼因人情而生”。《论语》记载宰我抱怨“三年之丧”时间太长，孔子问他是否心安。“女安，则为之！夫君子之居丧，食旨不甘，闻乐不乐，居处不安，故不为也。”“子生三年，然后免于父母之怀。夫三年之丧，天下之通丧也。”失去父母那种“百身莫赎”的哀思，非三年不足以稍稍安心的情感表达，所以孔子说如果你安心，你可以不用三年。“三年之丧”这一礼俗的确立，是以情感为基础的。

礼俗是人类情感的积淀、投射与表达。清代学者曾提出“以礼代理”思想，批评宋儒所推崇的形而上的理，主张复性于礼，认为“圣人之道，一礼而已矣……自天子以至于庶人，少而习焉，长而安焉。礼之外，别无所谓学也”。台湾学者也认为：“礼是人我之间互通关系的一种方式，其目的是在表达情感。”礼与情感有内在的联系，礼不仅积聚人的情感，而且是情感表达的方式。梁漱溟对此颇为赞同。他说：“礼的内容实质是情理，是情理之表出于体貌同者。”礼俗不仅表征人际交往中的伦理责任，而且表征人与人之间的情感联系[①]。

礼俗在本质上是情绪的、情感的。就个人而言，对礼俗的认同是个人对所在的社会文化的适应和依赖，就团体、社群、民族和国家来说，通过对习俗的认同，凝聚起所有成员对社群、民族和国家的情绪认同、情感依赖，小到家乡，大到民族国家。所以礼俗、礼俗的符号可以唤起普天之下、天涯海角同一文化人们的共同情愫。例如汪曾祺写自己记忆中家乡的端午节，详尽表达了节日、礼俗的浓厚的故乡眷恋之情：“又是一年端午节……我们围在锅边，看妈妈打开锅盖。一下子，屋里满是粽子的香味，白白的、浓浓的。吃一个粽子，喝一口妈妈炖好的车前草鸡蛋汤，闻着撞来撞去的艾草的香气。啊，端午真好！”“离开了家，端午节不再那么繁

---

① 顾红亮．儒家礼俗的现代生命力．人文杂志，2007（5）：60-65.

琐和细腻。但是，只要清晨有朋友和亲戚提了热热的粽子和温乎乎的鸡蛋来，或者有人轻轻地递过一个小耳朵一样的荷包，所有的心情就全成了一种热热切切想哭的感觉，很柔软很温暖。那暖暖甜甜的粽子香，那四处流淌的艾草味，那浓浓的情意和绵绵的牵挂，无论身在何方，年年端午，又让人品味起故土家园的温馨和美。”民俗的文化力量强大到把一个文化的精髓镶嵌入基因，终身携带。

中国汉民族的“年”的符号程序，从腊月二十三的祭灶开始，到正月十五结束，主要内容一是祭祀，二是团聚。祭祀表述的是生命传递的伦理秩序的定位，慎终追远的敬畏与追思之情，而团聚则是天伦之聚，是生命中最可以信赖、最可依靠的心理认同。人们盼过年，盼的就是这一份心理认同、相互依赖的情感归属。离乡背井的游子忙忙地上路，为了一年一度的这一礼俗，不顾路途劳顿，千里万里，仿佛是朝圣，朝着自己的家奔去。家是他们内心的和平所在，是远离外界纷争、恐惧、怀疑、不安的城堡。所以过年的意义在现代更多的是一种情结、一种心绪、一种深刻的需要，是人类赖以生存的情感需求的满足，这种需求根植于礼俗。礼俗是一种程序，让人类拥有认同感、归属感的固有的符号，一年又一年，不断地重复着那一份心情，很柔软很温暖，所有的心情全变成了热热切切想哭的感觉，四处流淌的温情，绵绵不绝的牵挂，天涯海角，因共同的礼俗变成了高度一致的情感归属。

（二）礼俗在本质上是秩序的

1. 礼俗本身就是秩序的符号

有学者指出，从历史上看，中国古代社会秩序的维护靠的是礼俗而不是法律，儒家的礼俗已经融入百姓的日用常行之中。“我们过去的社会组织构造，是形著于社会礼俗，不形著于国家法律，中国的一切一切，都是用一种由社会演成的习俗，靠此习俗作为大家所走之路（就是秩序）。”新的团体组织的塑造不能脱离开中国的传统，即是说，它一定以儒家的礼俗而不是西方的法律为基础。梁漱溟把礼俗关系而非法律关系看作新团体组织建设的主导原则。借用时下“依法治国”“以德治国”的说法，梁漱溟的思路也许可以表述为除此之外的第三种进路，即“以礼治国”。

德国社会思想家腾尼斯（Ferdinand Tnnies）在“共同体与社会”的理论中，区分了“共同体”与“社会”两个概念，用来描绘传统人和现代人的组织形式的差异。在传统社会，人们的生活更多属于“共同体”，在现代，人们更多属于社会性的团体组织，“共同体”和“社会”有什么差别呢？腾尼斯指出：“共同体是持久的和真正的共同生活，社会只不过是一种暂时的和表面的共同生活。因此，共同体本身应该被理解为一种生机勃勃的有机体，而社会应该被理解为一种机械的聚合和人工制品。”“共同体”有血缘、地缘和精神共同体三类，人们生活在“共同体”中，相互之间保持着亲密的关系，有一种默契或默认一致。人们之间的默契渗透在礼俗之中，人们凭着礼俗交往，一举一动的含义，大多可以为对方领会。“共同体”营造的是礼俗关系，人们过着共同的人情化的生活方式，共享着基本的意义世界。对于儒家来说，家庭、邻里、友朋都是“共同体”，而且是意义的“共同体”①。

每一个民族依靠什么确立自己在世界的地位？让世界也让自己认同自己？是历史是文化。礼俗就是依靠符号和程序沿袭至今的成文的历史，就是历史文化的反复再现。礼俗体现的是自己的文化本位、文化价值观与文化立场。只有礼俗才能满足我们习惯性的精神需求，只有礼俗才能维系民族的文化精髓。

近百年来西方文化、国际一体化的持续影响，传统节日的意义曾一度被认为不必要而闲置起来。民国时期，政府在接受新的西洋历法时，将附在传统历法时间上的传统节日进行改易，比如认同公历元旦。新中国成立之后，农历新年正式定名春节，是唯一享受政府假日的传统节日。然而到了2008年，清明、端午、中秋等千年沿袭的传统节日又重新恢复它们的社会文化地位，重新开始突出礼俗强大的社会文化功能：情感功能、交往功能，认同功能、凝聚功能，证明中国经过数千年历史洗礼的文化习俗，具有强大的秩序功能价值。

2. 礼俗“明人伦”

梁漱溟认为儒家的仁义渗透在礼俗之中，礼俗体现了儒家倡导的伦理责任，具有明确的伦理向度。梁漱溟指出，儒家文化既非以个人为本位，也非以社会为本位，而是以伦理为本位的文化。伦理的基本含义指人与人对等地承担义务，在我担负起对你的义务的时候，你也相应地担负起对我

① 顾红亮．儒家礼俗的现代生命力．人文杂志，2007（5）：60-65.

的义务，义务的承担是相互的。伦理就是确认相互关系之理，互以对方为重，团体与份子之间得一均衡。”这种伦理的义务通过儒家的礼俗表现出来[①]。

礼记指出，“太上贵德，其次务施报。礼尚往来，往而不来，非礼也；来而不往，亦非礼也。人有礼则安，无礼则危，故曰礼者不可不学也。夫礼者，自卑而尊人。虽负贩者，必有尊也，而况富贵乎？富贵而知好礼，则不骄不淫；贫贱而知好礼，则志不慑”。

儒家的礼俗作为伦理义务的体现，是行为的规范。作为规范，礼俗不仅包括民风民俗之俗，而且包括行为习惯之俗，不仅包括基本规范之礼，如开会时不大声喧哗等规范，而且包括礼貌与礼仪之礼。后者指人们应遵循的礼节，如对长辈的恭敬、长幼有秩、进退有节等。在生活世界里，礼俗与行为是不可分割的，一方面，人们的行为渗透着礼俗；另一方面，所有的行为都打上了礼俗的烙印。礼俗与人们的日常生活世界、与人伦完全合一。

古代中国社会与国家管理方式既非法制社会，也非人治社会，而是礼法社会。礼法是礼制与法律相结合的概念，融入哲学家的思想，法学家的智慧和政治家的实践。童年的时光是在盼望过节的期待和向往中度过的，而成年之后对节日的感受和期待，就是表述自己和家人、自己和他人、自己和周围世界里关于天地的、生命的、情感的、善的、美的所有心情。家庭承载着礼俗，也就承载着儿童的社会化培养，在儿童对节日礼俗的盼望中，在每年如期依次而至的节日礼俗中，家庭的教育和影响也就自然而然进行着。

（三）礼俗在本质上是德性的

1. 礼俗“与天地合其德”

传统是在文化发展中由社会集体记忆的“既有的解决各种人类问题的文化途径”[②]。传统的礼俗、节日的含义，在民众看来，它就是不证自明的真理，节日是重要的礼俗载体。传统节日是一个时间文化的链条，是国家民族生存、生产方式的反映。中华文化传统的核心强调人与天地、人与神

---

① 顾红亮．儒家礼俗的现代生命力．人文杂志，2007（5）：60-65.

② 希尔斯．论传统．傅铿，吕乐，译．上海：上海人民出版社，1991：中译本序．

明、人与家族的和谐。所以，礼俗在本质上要“与天地合其德”。

中国每一个传统节日与农时都有着对应关系。节日的分布依照季节时间顺序，春节是以立春节气为依据的，清明在季春时节，中秋依傍秋分，重阳贴近寒露。夏季只有端午一节。春节是四时节庆中最重要的岁首之节，同时它又不是孤立的节日，它是中国传统节日文化链条中的一个重要环节。在现代化的快节奏生活中，节日仍然保留着传统中的人性意义，仍然是现代人很深刻的心理依赖、人际依赖、情感依赖，与自然一体的途径和方式。近年来二十四节气已全数进入现代城市生活序列，成为中国都市人重要的心理节奏，就说明了这种依赖的深刻性。

中国传统礼俗和节日的宗旨是“与天地合其德”。《礼记·月令》描述的体现天人物候、协调一体的感应的习俗礼仪，显示出与天地万物高度一致的秩序。

例如，“是月也，以立春。先立春三日，大史谒之天子曰：‘某日立春，盛德在木。’天子乃齐。立春之日，天子亲帅三公九卿诸侯大夫以迎春于东郊。还反，赏公卿大夫于朝。命相布德和令，行庆施惠，下及兆民。庆赐遂行，毋有不当。”意思是说与立春相符的礼俗，不光举行天子率群臣迎春的隆重典礼，还发布德和令，并施惠于天下百姓，体现“与天地合其德”。

在秋季，万物肃杀，要整治刑法，严惩奸邪。“是月也（孟秋之月），命有司修法制，缮囹圄，具桎梏，禁止奸，慎罪邪，务搏执。命理瞻伤，察创，视折，审断。决狱讼，必端平。戮有罪，严断刑。天地始肃，不可以赢”。

四时行焉，万物兴焉，周而复始，运行不悖，与其呼应的传统节日周期性复现，使天地之德与世间礼俗浑然一体。人们敬畏神圣的历史时空，面对自己的祖先，感受传统，重温历史，汲取历史文化的力量。

2. 礼俗化民以德

人类原始欲望的冲动与动物有很大区别，但是人类文化都是围绕着这些冲动而形成的。梁漱溟指出，礼俗与法律不同，“礼俗示人以理想所尚，人因而之所自勉，以企及于那样；法律示人以事实确实那样，国家从而督行之，不得有所出入。……法律不责人以道德；以道德责人，乃属法律以外之事，然礼俗却正是期望人以道德；道德而通俗化，亦即成了礼俗”。梁漱溟甚至认为，“中国将来的社会组织构造是礼俗而非法律。”“人与人之间关系日密，接触日多，所以行之者必有其道，此道非法律而是礼俗。”[①]国家化民成俗，学者修己治人。

中国文化对“物”的理解，看重的是物与物的关系及人对物的感知，从自然代谢推向人事兴亡，自然观与历史观合而为一。对天、对人、对物的认识充分伦理化，是中国思想史的重要特征。传统中国是一个礼俗社会，礼与俗，分处于国家与民间的不同层次。俗一旦成为礼，上升为典章制度就具有规范化的功能和强制性的力量，反过来对俗进行教化、整合。精英文化通过“以礼化俗”把观念形态推向下层民众，使世俗生活理性化，精英思想社会化。礼俗整合的后果，使得礼中有俗，俗中有礼，礼和俗相互依存、胶着，双向地增强了精英文化与民间文化的渗透[②]。

民间信仰是历代民众自发产生并自然传播的神灵与神物崇拜。祭祀的礼俗表达的内涵之一是“鬼神之谓德”。祭祀的意思是“人神相接”，《孝经》：“祭者，际也，人神相接，故曰际也”。礼俗的本质就是禁忌，表达对宇宙神秘力量的敬畏，并以此自我约束，因此“鬼神之谓德”，也就是民间流传所言“举头三尺有神明”，“天知地知你知我知何谓不知”一类警示。神明在上，祖先在前，目光如炬，焉能不惧？这种敬畏的态度、心理和情绪，通过庄严肃穆的礼俗，通过祭祀礼俗程序传达出来，作用于参与礼俗的所有成员，实现礼俗的道德功能。

“唯神知善恶”，人类普遍存在的宗教仪式，绝大部分与各自的礼俗节日融为一体。宗教教义对人性、对人性的原始状态都有各自的解释，然而高度一致的也是对人类原始欲望更为严格的禁忌。例如佛教认为，人世皆苦，而苦的根源便是人无止境的欲望，欲望使人类深陷无边苦海，除非摒弃欲望，人类不能得救。

西方宗教“人性本恶”的人性观渊源久远，圣经讲，“神（耶和华）认为人从小时心里就怀着恶念的”。基督教认为人类是带有原罪来到人世，《旧约》讲述了家喻户晓的伊甸园“人违背命令”的故事和人类邪恶的故事，神指示亚当和夏娃，伊甸园里的生命之树与分辨善恶之树的果实不能吃，但夏娃受到蛇的引诱，吃了善恶树上的果子，然后又给亚当吃了果

---

① 顾红亮．儒家礼俗的现代生命力．人文杂志，2007（5）：60-65.

② 刘志琴．礼俗互动是中国思想史的本土特色．东方论坛，2008（3）：1-8.

子，于是二人的眼睛就明亮了，有了羞耻之感，便拿了无花果的叶子为自己编衣裙，神因此宣布对他们的惩罚，惩罚夏娃“加增怀胎的苦楚，生产儿女必多受苦楚……”，惩罚亚当“必终身劳苦，才能从地里得吃的。地必给你长出荆棘和蒺藜来，你必须汗流满面才得糊口。”

这是一种很深刻的阐释，因为“唯神知善恶”，人类的原罪始于违背了神的命令偷吃了禁果，人类的原罪是与生俱来的，与人类的生命一体；另一方面，人因为偷吃禁果而知善恶，具备了“人神各半”的人性起点。因此，基督教为主的宗教礼俗，贯穿着洗刷“原罪”这一主题，人类终身需要忏悔、洗刷原罪，需要禁忌，遏制原始罪恶的冲动，才能够接近上帝，超越人类的苦难。文明在本质上就是禁忌，说的就是这一内涵。

3. 礼俗传递善的意义

礼俗拥有着象征意义的一系列符号，包含着重要的社会功能、心理功能、道德功能，这些礼俗符号在不同地域尽管各有差异，但相同的一点是传递善意，祝福吉祥。例如过年期间的祭祀祖先，朝拜神灵，接福迎春，祈求保佑。从文化人类学的角度来看，它表达的是人们的一种祈福的情感。

在新春佳节，家家户户都要在屋门、墙壁、门楣贴上“福”字，是我国民间由来已久的习俗。据《梦粱录》记录：“岁旧在迩，席铺百货，画门神桃符，迎春牌儿……士庶家不论大小，俱洒扫门闾，去尘秽，净庭户，换门神，挂钟馗，钉桃符，贴春牌，祭祀祖宗。”文中的“贴春牌”即是写在红纸上的“福”字。“五福临门”源自《尚书·洪范》所说，“寿、富、康、德、考”的五福。

春节礼俗中的“春联”，所表达的也是对人、对己、对社会最善意的祝福，最真切地祈愿幸福吉祥。春联内容基本上围绕构成人生幸福的要素“福”“禄”“寿”来展开。“天增岁月人增寿，春满乾坤福满门”等都是流传甚广的春联贺词。通过春联祈福表达了人们对自身、对他人、对社会的深切善意、真心关怀与祝愿。人们彼此交换着善意与祝福，在节日里喜气盈盈、善意融融，礼俗的社会功能彰显其间。

三、家礼及其教育价值

家礼是国家礼制的家庭部分，传统社会的家礼是基于自然情感和伦理秩序的家庭成员之间的礼仪规则。礼者，履也，家庭礼仪就是家庭成员之间情感和行为的具体形式，由此在父子、夫妇、兄弟之间建立起人伦秩序。家礼的特点是与家庭生活完全一体的，日复一日、年复一年，周而复始，代代相传。内在于情，外成于礼，确立家庭权威，区分长幼尊卑，明确血统边界，凝聚家庭力量，以此形成完整的礼俗生活，构筑起国家化民成俗的基础。

司马光指出“礼，纪纲是也”。朱熹认为，“先王制礼，本缘人情凶吉之际”。礼的产生，本身就是适应世间人的情感、行事规范的需要；“礼者履也”，礼就是人的情感、生活等行为规范的表述和履行；礼仪是成文的习俗，礼仪与习俗具有强大的秩序功能，对于社会秩序的合法性、合理合情性以及神圣性，都能够通过礼仪与习俗传达到社会的每一个成员，借助礼仪与习俗形成认同，实现秩序。建立秩序的过程也就是不断对抗无序、失序的过程，这个过程贯穿人类社会整个历史。人类社会制礼作乐经历了漫长的艰苦努力，其困难程度不亚于人类的物质生产斗争。建立起来的礼仪倒塌了，沉沙折戟若干年又再起重建，如此曲曲折折、周而复始，才有了人类现在的礼俗之制。

家庭作为社会的最初级组织形式，中国传统社会礼乐秩序的基础和起点，得到各朝代的充分重视。孔子、朱熹都是历史上对修复礼俗、重建家礼做出重要贡献的人。朱熹曾十分痛惜古代家礼的废弃，在《跋三家礼范》中讲：“呜呼！礼废久矣。士大夫幼而未尝习于身，是以长而无以行于家。长而无以行于家，是以进而无以议于朝廷，施于郡县，退而无以教于闾里，传之子孙，而莫或知其耻之不修也。”这是儒家“修齐治平”思想对家礼功能的诠释。家道齐肃，个人就能将在家庭修得的道德良知扩大到家，又由“家”扩大到国家、天下。家礼荒废，事关国运，就绝不是小事情。

（一）家礼的血缘差序区分功能

调整人与人、人与社会、人与自然关系的社会规范，最初是以“礼”

的形式出现的。《礼记》指出，“夫礼者所以定亲疏，决嫌疑，别同异，明是非也”。据记载，在人类早期，初民们的“礼”的意识是非常强烈的，不仅所有的氏族部落都有自己的“礼”的内容规定，而且不同的氏族群体，其祭祀仪式、习俗礼仪和行为规范要求也是不同的。古语讲“异姓则异德，异德则异类”，正是这些差异，区分了不同的氏族部落。

尽管不同氏族部落之间的祭祀仪式、习俗仪式和行为规范要求存在着差异，但其影响和作用却是近乎相同的：“庄严的祭祀仪式能使氏族部落成员感受到个人意志必须服从全体意志、个人与氏族部落整体利益密不可分，个人对氏族部落的忠诚不仅是必须应尽的义务，也是换取本氏族部落保证个人生活所需权利的渊源。这种祭祀仪式能使初民社会成员自然明了原初的是非善恶、长幼尊卑等社会道德价值与理论关系，从而一开始就与伦理道德浑然一体。”①

另据记载，在中国古代，仅由《仪礼》《周礼》《礼记》文字所记载下来的有关典礼仪式就有近 90 项，它涉及人们社会生活的几乎整个方面，对当时全体社会成员具有普遍的教化、强制作用。这表明包括巫术禁忌在内的祭祀仪式、习俗礼仪，作为人类最初的行为规范，原本就是以区分血统、分辨异己、规范行为为目的出现的固定程序和符号。礼具有极强的传承性，先代礼制经过数千年的沿袭，至今仍然保留着它最初的雏形所具有的意义和功能。家礼已经成为家庭生活的一种重要属性。

家礼的座次礼节，是区分长幼、尊卑、主客等身份的重要标志，几千年沿用至今。中国传统的家庭建筑通常是堂室结构，前堂后室。在堂上是南向为尊，如果围席而坐，最尊的座次是坐西向东，其次是坐北向南，再次是坐南面北，最卑是坐东面西。直到现代，家庭的座次仍然有长幼之序、主客之别，受人尊敬的身份仍然安排与之相应的尊位。

在区分血缘的功能方面，现代家礼依然有严格的边界规定，遵从神圣庄重的血缘意义。在现代，家祭礼仪依旧是非家族成员不能参加，家族成员也不可能祭祀他人的祖先（这是极大的耻辱）。家礼承载了礼的全部文化价值在家庭之中的部分，与家庭秩序、家庭权威、家庭情感支持、家庭教育融为一体，成为家庭重要而清晰的标记和符号。

---

① 何炳棣．原礼//胡晓明，傅杰．释中国：第四卷．上海：上海文艺出版社，1998：2383-2384.

（二）家礼的标志功能

家礼的主要内容是家庭生活重大事件的礼仪表述。主要有祭礼、婚礼、寿礼、冠礼、丧礼。其余也包括亲朋好友、同僚师生之礼，送往迎来之礼，宴请酬酢之礼等，家礼表达了人类对待人生重大事件的态度，对生命秩序的敬畏和尊重：个人从属于集体，私人伦理从属于公共伦理，低级规范从属于高级规范[①]。

1. 家庭祭礼

家祭包括家族祭祀和家庭祭祀。在孔子看来，外有礼乐，内有仁义，是礼仪文化的精髓，君子则是礼仪文化的表率。礼者，等差也，是社会有序的根据；乐者，和谐也，是事物均衡、适中的状态。孔子提出“以礼节和”的主张，认为社会秩序的建立首在“正名”，做到“君君，臣臣，父父，子子”，即用礼的规范实现角色的定位，再使其各得其宜。“义者，宜也。”君子就是那些能将大道的精神在各自的生活实践中恰如其分地体现出来的仁人义士。

家族祭祀的核心是祖先崇拜，家祭要强化的是祖先崇拜意识，祖先崇拜意识也就是生命秩序的意识，个体在生命秩序中位置之所在。程颐说过：“凡物，知母而不知父，走兽是也；知父而不知其祖，飞鸟是也；惟人则能知祖，若不严于祭祀，殆与鸟兽无异也。”[②]

朱熹非常重视包括冠婚丧祭等家礼的标志功能，他撰写了有关家礼的系列专著和读本，在《跋古今家祭礼》中指出“盖人之生，无不本乎祖者，故报本反始之心，凡有血气者之所不能无也。古之圣王，因其所不能无者，制为典礼，所以致其精神，笃其恩爱，有义有教，本末详焉。……诸家之书……有能采集附益，并得善本通校而广传之……共成礼俗，于以上助圣朝敦化导民之意，顾不美哉。”[③]意思是说，人生在世，“从哪里来”“到哪里去”是根本性的问题，所以要建立典制礼仪，保证这个根本问题的本末详尽庄重。

---

① 王凤美．规范性是道德的本质属性：也谈道德的基本定位兼与唐永泽商榷．山东青年管理干部学院学报，2003（4）：128−129.

② 程颢，程颐．河南程氏遗书·卷一八．北京：国家图书馆出版社，2003.

③ 李禹阶．朱熹的家族礼仪论与乡村控制思想．重庆师范大学学报（哲学社会科学版），2004（4）：71−76.

2. 冠礼

冠礼是儿童成人的标志。氏族社会的男女青年到达成熟期后必须参加“成丁礼”才能成为氏族公社的正式成员，才能享受应有的权利和履行应有的义务。周代的冠礼（加冠仪式）就是由这种“成丁礼”变化来的。周代贵族男子二十岁时由父亲在宗庙里主持冠礼，行礼前先筮日（选定加冠的日期）、筮宾（选定加冠的来宾），行礼时由来宾加冠三次：先加缁布冠，表示有治人的特权；次加皮弁，表示从此要服兵役；最后加爵弁，表示从此有权参加祭祀（缁布冠是用黑麻布做的冠，皮弁是用白鹿皮做的，爵弁是赤黑色的平顶帽子，是祭祀时戴的）。来宾进酒后，去见母亲，又由来宾取“字”，然后去见兄弟姑姊，最后戴礼帽穿礼服带礼品去见国君卿大夫和乡先生，主人向来宾敬酒赠礼后，礼成。

贵族男子二十岁结发加冠后可以娶妻，贵族女子十五岁许嫁时举行笄礼后结发加笄。所谓结发，就是在头顶上盘成发髻，是区别于童年的发式，表示年届“成人”，可以结婚了。“结发为夫妻”一直沿用至现在，而它的最初含义却是成人的礼仪。

3. 婚礼

婚礼是最喜庆、热闹的家礼，标志着一个新的家庭诞生，也是见证一对夫妇婚姻的礼法程序。古代女子出家曰“归”。《说文解字》：“归，女嫁也。”《诗经·周南·桃夭》：“之子于归，宜其室家”，而男子结婚曰“娶”。婚礼程序是比较复杂的，以显示其慎重和严肃的态度。古代的婚礼至少有六礼，用通俗的话来说，包括提亲，问名，占卜、合八字，下聘，择日，迎亲六礼。六礼之中，提亲和迎亲最为重要。《诗经·大雅·大明》：“文定厥祥，亲迎于渭。”旧说是周文王得吉兆纳征订婚后，亲迎太姒于渭河之滨。后世以“文定”作为订婚的代称。《礼记·昏义》谈到迎亲后新郎新娘“共牢而食，合卺而酳”。以一瓠分为两瓢谓之合卺，新郎新娘各执一瓢而饮，称为合卺。成婚称为“合卺”就是从这里来的。现代婚礼的交杯仪式也是从合卺演变而来。

（三）家礼的行为训练功能

礼者，履也，是行为的、践行的、按照周期重复的行为规范。这对于儿童习得良好行为习惯具有决定性的意义，这种训练可以奠定儿童一生的教养基础。朱熹所言“蒙以养正，圣功也”，即此。《礼记》指出，“礼，不妄说人，不辞费。礼，不逾节，不侵侮，不好狎。修身践言，谓之善行。行修言道，礼之质也。礼闻取于人，不闻取人。礼闻来学，不闻往教。”孔子指出，恭而无礼则显得费力，慎而无礼则显得畏惧，勇而无礼则显得杂乱，直而无礼则显得冒失。礼之用克服四者之弊，方体现民风德厚。对个人而言则“恭近于礼，远耻辱也。”

《礼记》详尽规定了家礼的内容和具体行为规范，对中国礼仪制度产生了长久的影响。

“凡为人子之礼，冬温而夏凊，昏定而晨省。”意思是说作为人子侍奉父母的礼节是，冬天要使父母温暖，夏天要使父母凉爽，晚上服侍父母安寝，清晨询问父母安好。

“夫为人子者，出必告，反必面，所游必有常，所习必有业。恒言不称老。年长以倍则父事之，十年以长则兄事之，五年以长则肩随之。群居五人，则长者必异席。”意思是说作为人子，出门一定要禀告，回来必须当面报告。凡出游一定要有确定的地方。凡学习，必须有确定的作业；平时说话，不能自称“老”。同比自己年长一倍的人在一起，要以事父之礼对待他；同比自己年长十岁的人在一起，则以事兄之礼对待他；比自己年长五岁的人则可以比肩随行而稍后，如有五人聚坐在一起，则必让其中年长者单独坐一席。

“为人子者，居不主奥，坐不中席，行不中道，立不中门。食飨不为概，祭祀不为尸。听于无声，视于无形。不登高，不临深。不苟訾，不苟笑。”意思是说作为人子，室处不占尊位，座席不居长位，行路不走中道，站立不居中门。供给父母的饮食不限量，祭祀不任祭尸。父母未言语，揣摩其心情；不见父母时，揣度其形象。不攀登险处，不靠近深渊，不随便非议，不随便言笑。有孝心的人不做秘密之事，不干危险之事，以免使父母受牵连。

“幼子常视毋诳，童子不衣裘裳。立必正方，不倾听。长者与之提携，则两手奉长者之手。”“从于先生，不越路而与人言。遭先生于道，趋而进，正立拱手。先生与之言则对，不与之言则趋而退。”意思是说对儿童的教育要正面讲道理，不能欺骗，儿童不穿皮裘衣裤，站立必须端正，听大人说话不能侧着头；有长者与孩子一起行走，孩子要用双手扶着长者的手；跟随老师出行，不要离开到路旁与别人说话，碰到老师要快步向前，端正站立拱手，老师跟他说话才回答，没有和他说话则恭敬地退到一旁。

“将适舍，求毋固。将上堂，声必扬。……将入户，视必下。入户奉扃，视瞻毋回；户开亦开，户阖亦阖；有后入者，阖而勿遂。”意思是说到别处做客，不能粗鲁。将进入堂屋，一定高声探问，以便让主人知道有人到来。快进门时眼向下看，进门后目光不能四周扫视，失了礼貌。如果后面还有人跟进，只做慢慢关门的姿势，不将门关上。

“尊客之前不叱狗。让食不唾。”“毋侧听，毋噭应，毋淫视，毋怠荒。游毋倨，立毋跛，坐毋箕，寝毋伏。敛发毋髢，冠毋免，劳毋袒，暑毋褰裳。”意思是说在尊贵的客人面前不呵斥狗，辞让食物不吐口水。不侧耳偷听，不高声喧哗，不东张西望，不散漫。走路不摆傲慢，站立不跛姿，坐姿不要像畚箕一样不稳，卧姿不能趴着，不披头散发，不随便脱帽，即使劳动也不袒露，暑天也不撩起下裳等。

中国传统社会的“君子”，其行为举止的“温良恭俭让”“温文尔雅”“风度翩翩”都是基于家礼的训练而成。直至今日人们依然习惯依照某人的行为举止，判断其是否接受了良好的家庭教育。孔子还指出，“礼之用”在于诚为实，礼为虚，如果缺乏真诚的恭敬，则不如无礼。比如祭礼，孔子曰“祭如在”。祭祀如见祭者，其诚意如此，从容不迫的仪态，真诚无虚的恭敬，表里如一，家礼的价值正在于此。

第十章

审美与家庭美育原理

从本质上讲，审美是人类生存的需要，“对美的反应”是人类的核心共性之一，美国教育家博耶（Emest L. Boyer）认为它与“生命周期”“使用符号”等八种共性并列。马斯洛的需要层次论将人对美的需要列为高层次需要，在基本生存需要、安全的需要、自尊需要、爱的需要之上。

什么是美，什么是审美，人为什么对美有着共同的反应，审美为什么会成为人类的需要，中外文化有着丰富的阐述。《圣经》讲述了人类始祖亚当和夏娃在伊甸园里偷吃了智慧禁果，获得了一半的神性，人就具有了人神各半的天性，所以美与神性是人与生俱来的秉性；赫拉克利特（Heraclitas）认为美在于和谐；柏拉图认为美是永恒的；托马斯·阿奎那（Thomas Aquinas）认为美有完整、和谐、鲜明三个要素；笛卡儿（Rene Descartes）认为美是一种恰到好处的协调和适中；斯宾诺莎认为美是对象作用于神经所感到的舒适；伏尔泰认为美的东西须能引起惊赞和快乐两种情感[①]。

---

① 北京大学哲学系美学教研室.西方美学家论美和美感.北京：商务印书馆，1982：1-7.

康德把美学看作是他的全部哲学体系的一个环节，其任务是使纯粹理性和实践理性得到调和，使必然和自由趋于和谐。黑格尔认为美是理念的感性显现；车尔尼雪夫斯基认为美就是生活。

歌德认为，美是一种本原现象，事物的构造符合它的目的才显得美，自然永远是美的，自然的美使艺术家绝望；歌德认为是神给予我们对美的感觉，为了不辜负这一点，我们每天都应该看看画，听听音乐。人之所以具有审美需要，是因为人的生命本性是追求超越、渴望自由的，只有以自由的生命活动作为最高价值的审美对象，才具有永恒的魅力；自由是一种精神境界，没有内在自由生命就会变得没有本质上的意义，人只有达到审美的境界才是自由的。

德国哲学家、诗人席勒（Joham Christoph Friedrich von Schiller）把审美的自由活动叫做游戏，游戏和强迫是对立的，所以美是游戏冲动的对象[①]。席勒认为，审美活动是一种不带任何功利目的的自由活动，通过审美这种自由活动，人就可以从受自然力量支配的感性的人，变为充分发挥自己意志的主动精神的理性的人，形成完美人格，得到自由。在方法论上，狄尔泰把体验、表达、理解、生命有机地融贯起来，建立了人类精神的阐释学方法，指出只有借助艺术和美，生命才可能达到最高境界[②]。

按照马克思主义美学理念，审美是“人发现、选择、感受、体验、判断、评价美和创造美的实践活动和心理活动，是人的社会实践活动尤其是情感活动的一个重要方面，是美学研究的基本问题之一。”[③]

朱熹在他的《诗集传·序》中说道：“或有问于予曰，诗何为而作也。予应之曰，人生而静，天之性也，感于物而动，性之欲也。夫既有欲矣，则不能无思。既有思矣，则不能无言，既有言矣，则言之所不能尽，而发于咨嗟咏叹之余者，必有自然之音响节族而不能已焉。此诗所以作也……此学诗之大旨也。”意思是说，为什么会有诗、诗为什么而作呢？朱熹认为人生来是安静的，这是天赋的禀性。当感受于事物而心思有触动，这是人性的欲望；既然有了欲望，就难免不思考，难免不言语。有了言语，如果言语不能表达出自己的心情，于是就会有感慨、叹息、歌咏，自然而然

① 北京大学哲学系美学教研室. 西方美学家论美和美感. 北京：商务印书馆，1982：151−175.

② 金炳华. 哲学大辞典：修订本. 上海：上海辞书出版社，2001：1305.

③ 同② 1281.

产生音韵节奏而情不自禁——这就是诗歌产生的原因，也是学诗的宗旨，也是审美的属性。

一、审美的属性及教育价值

（一）审美的属性

1. 审美是感性的、非理性的

审美是感性的活动，感性的也就是整体的，因此它不同于理性的、逻辑的发展，它并不依靠概念的推理，也不依靠寻找实验结果来证明某种假设，不需要进行灌输，也不需要鼓动意志和毅力。审美是感性的、非理性的。审美始终是在人的情感、灵性、直觉、领悟、体验领域内进行，借助审美对象的象征性、暗示性、隐喻性，凭借审美心理机制，获得审美发展。尤其是审美对象具有生命的时候，就更是如此。

审美是人类的共性，它基于人的生理机制。审美的生理机制是审美心理活动赖以产生的基础，由生物传感器、传导神经、大脑皮层、效应器组成。眼、耳等接受器接受审美对象的形象信息刺激，通过由神经元组成的传入神经传导到大脑皮层相应部位；经分析、综合加工、贮存、转换，又通过传出神经传导到手、足、眼、耳、鼻、舌等效应器。其间经多次反馈，循环往复，从而对刺激物形成审美反应。审美的生理机制是一个整体的、自调的有机动力系统，大脑皮层是核心部位，听觉、视觉器官是主要器官。审美生理机制有遗传获得性，同时个体通过后天训练得到改变和完善[①]。

2. 审美是超越的、非功利的

超越性是审美的重要命题。康德（Immanuel Kant）一生追寻审美特质，最终他提出“审美无利害关系”“无利害关系是鉴赏的第一契机”[②]，康德认为只有当人自觉到能以一种无利害关系的态度去看待一个对象时，所得到的愉快才是审美的愉快。无论何种时代，对功利的超越始终是人类的精神需要和永恒的向往和追求。

康德指出，美不在于事物的存在，不包含利害关系。他说“为了判别

① 金炳华．哲学大辞典：修订本．上海：上海辞书出版社，2001：1289.

② 黄良．审美力：美育素质能力构成．重庆：重庆大学出版社，1999：205，257.

某一对象美或不美，我们不是把它的表象凭借悟性联系于客体以求得知识，而是凭借想象力，或想象力和悟性相结合，联系于主体和它的快感和不快感。鉴赏判断因此不是知识判断，从而不是逻辑的，而是审美的。至于审美的规定根据，我们认为它只能是主观的，不可能是别的。”“凡是我们把它和一个对象的存在之表象结合起来的快感，谓之利害关系。因此这种利害感是常常同时和欲望能力有关的。每个人必须承认，一个对于美的判断，只要夹杂着极少的利害感在里面，就会有偏爱而不是纯粹的欣赏判断了。因此美的鉴赏是凭借完全无利害观念的快感和不快感对某一对象或其表现方法的一种批判力。”①

蔡元培说：“我们试反躬自省，当读画吟诗、搜奇探幽之际，在心头每每感到一种莫可名言的怡适。即此境界，平日那种是非利害的念头，人我差别的执著，都一概泯灭了，心中只有一片光明、一片天机。这样我们还不怡性悦情么？心旷则神怡，心广则体胖，我们还不能养身么？人我之别、利害之念既已泯灭，我们还不能进德么？人人如此，家家如此，还不能治国平天下么？”蔡元培意识到了审美的宗教功能，“宗教所密切关系者，唯有情感作用，即所谓美感。”②

3. 审美是自由的、愉悦的

黑格尔指出，“审美带有令人解放的性质，它让对象保持它的自由和无限，不把它作为有利于有限需要和意图的工具而起占有欲加以利用。”康德也认为，如果只是用概念来判断对象，就会使美丽的一切表象都消失了，因此美是不凭借概念的普遍令人愉快的③。没有心灵自由状态，就没有美，就没有“令人解放”的幸福、飘逸的感觉，而审美联想则是通达心灵自由状态的途径。审美联想是一种拓展性、创造性的心理活动，它借助语言的象征性，抽出那些永恒的美的要素及美的象征，发掘人性的灵慧，获得精神的自由和享受，“言有尽而意无穷”表达的就是这种审美状态的自由自在。

---

① 北京大学哲学系美学教研室．西方美学家论美和美感．北京：商务印书馆，1982：152.

② 蔡元培．美学原理・序 // 高平叔．蔡元培美育论集．长沙：湖南教育出版社，1987.

③ 同① 195.

（二）审美的教育价值

1. 审美与善的内在统一

美与善从文化存在的角度看是统一的。真、善、美的内在是统一的，最理想的文明就是真善美的统一的文明。审美情感、需要、意志、直觉等与教育的相应的心理成分之间存在相互作用的统一。审美活动本身具有积累善、引导善和立善的功能。美之于善、美育之于教育的作用可以从多个方面论证。从心理角度看，人的心理结构是唯一的，审美心理和人格心理在主体身上本来就是同一的；从客观角度看，人们对美和善的判断有相当部分是相融和同一的，具有不可分解的一面[①]。

蔡元培认为，美育能够培养人的同情心，有了同情心，人与人之间才有互相爱护、互相扶助。为什么美育能培养人的同情心呢？因为美感具有“感情移入”的作用。例如，图山水于壁上，可以卧游；观悲剧而感动，不觉流涕；这就是感情移入的状况[②]。美育还能使人们养成宁静而强毅的精神。

美的形象，尤其在社会美、艺术美的形象中是具有明显“储善性”的[③]，但善是内储于形象之中通过形象去说话，而非通过概念去说话的。这点显著不同于教育活动对于善的直接的概念性的认识或理解体验、接受和践行。隐形的美育储善功能的发挥，是通过形象表达而被理解的。

2. 审美与崇高、优雅的内在统一

审美具有非功利的、超越的、情感的、愉悦的、内心自由自在的属性，这与人性中最本质的需要完全一致。审美是人性的需要，反过来审美促进完善人性，提升人的精神世界，弥补人类在现实中承受巨大规则压力的精神困境、情感困境。生存的现实是人类必须在其中的，所以很多时候，艺术与人、与社会必定是冲突的，特别是要受到权力的限制和禁止，工业社会更是如此。因此超越始终是人性的本质追求。

人有超越生存功能的激情，人有与自然沟通的需要，有证实自己在整个世界的联系中的需要。这说明人具有创造激情、改造社会、摆脱技术控

---

① 檀传宝．美育和德育关系的理论界定（下）．中小学管理，1999（11）：12–14.

② 蔡元培．在香港圣约翰礼堂美术展览会演说词 // 高平叔．蔡元培美育论集．长沙：湖南教育出版社，1987.

③ 同①．

制、重获自由的可能性。超越生存的形式，主要表现在诗歌、绘画、戏剧及音乐等艺术形式中。梦是一种特殊的超越生存形式，因为梦中的人是自由的。

一方面要想把感性的人变成理性的人，唯一的路径是首先成为一个审美的人，另一方面美育能够弥补科学的概念性、抽象性、机械性，使人生丰富而有意义。美育所具有的属性，带给人类生存以永恒的慰藉，是人类赖以生存的精神甘露。

蔡元培指出，美感有两种，一为优雅之美，一为崇高之美。优雅之美，从容恬淡，超利害之计较，游名胜者，就没有伐木制器之想；赏音乐者，永远都是以与众同乐为快。这样的超越心境，就没有什么卑劣的诱惑可以扰乱他。崇高之美，有伟大与坚强之二类；存想恒星世界，比较地质年代，不能不惊小己的微渺；描写火山爆发，记叙洪水横流，不能不叹人力之脆薄。一经美感的熏陶，不知不觉，与天地一体。对象之伟大，就是我的伟大，对象的坚强，就是我的坚强，那么就没有什么世间的威武，可以胁迫他”[①]。

雪莱（Percy Bysshe Shelley）则从道德冲突角度指出审美的最高意义，由于人性无法调和的冲突所致，人的自身低级部分的苦痛往往与高级部分的需要相联系，因此最高意义上的审美愉悦由此产生，这对于完善人格的意义是普遍的。比如舍生取义、卧薪尝胆，都是对人的生命的审美。人类往往选择悲愁、痛苦、失望来表达我们已经接近于人格至善，我们对于悲剧的审美，也源于这个道理。悲剧之所以使人愉悦，最美妙的曲调总是不免带有一些忧郁，根源也在于此。悲愁中的快乐比快乐中的快乐更甜蜜些[②]。

孔子评价《诗经》说“诗三百，一言以蔽之，思无邪”，其中“《关雎》乐而不淫，哀而不伤。”朱熹评注：“愚谓此言为此诗者，得其性情之正，声气之和也。”[③]高度赞扬它的淳化民风的教化功能。别林斯基在评价普希金的诗歌的时候说，普希金每首诗的基本情感本身就是优美的、雅致的，它不仅仅是人的情感，而且是作为艺术家的人的情感。在普希金的任何情

---

① 檀传宝．美育和德育关系的理论界定（下）．中小学管理，1999（11）：12-14.

② 北京大学哲学系美学教研室．西方美学家论美和美感．北京：商务印书馆，1982：217.

③ 朱熹．诗集传：卷第一．赵长征，点校．北京：中华书局：2011：2-3.

感中，永远有一些特别高贵的、温和的、柔情的、馥郁的、优雅的东西，阅读他的作品是培养人性的最好方法。在教育和培养青年人的情感方面，没有一个俄国诗人能够比得过普希金，普希金的诗能够培养人的优雅感情和人道的感情——这意味着对人的尊严的无限的崇敬[①]。

3. 美育不等于德育

美育与德育之间，属性相通而契合，然而美育与德育又是不同的两个范畴，美育不等于德育，更不是德育的附属。美育与德育活动的心理机制不同。

第一，审美认知不同于德育认知。德育认知的目的，是使德育对象认清社会活动的情境、利害及行为的对错。它较多地使用的是逻辑推演手段，其结果有一定的确定性，如“应该……”“不能……”审美认知则不然，审美主体面对美的形式或形象，不作对或错的判断，而且对美的把握注重整体性和直觉性，在某种意义上排斥逻辑思维的方式。

第二，审美情感不同于道德情感。一般的道德情感由道德情境的利害判断引发，指向一定的道德行为，如责任感、义务感、尊严感、内疚感等，都与道德动机相关联。道德教育是对道德情感的陶冶、对道德实践的指导，目的性非常直接、鲜明。审美情感则不然，审美活动本身是指向形式的，情感的触发者是形式而非内容，是非功利的体验[②]。

二、儿童精神发展的家庭美育

审美价值是事物对人所具有的审美意义和心理效能，家庭对美的反应，也就是对美的价值的反应。家庭如何认识美的价值，美的价值就如何作用于儿童的审美发展，也就是家庭美育的质量如何。费尔巴哈认为，人有审美的感觉、审美的理智，才能感觉到外面的美[③]。那么家庭美育如何作用于儿童的精神发展呢？

---

① 北京大学哲学系美学教研室. 西方美学家论美和美感. 北京：商务印书馆，1982：222.

② 檀传宝. 美育和德育关系的理论界定（下）. 中小学管理，1999（11）：12–14.

③ 同① 217.

（一）家庭对美的反应塑造儿童对美的反应

美感是人类的共性，人都具有审美的潜在禀赋，并存在着差异，对美的要素如形状、色彩、声音、频率的反应具有倾向性。家庭对美的反应，是家庭美育的内容、也是方式之一。由于大脑的复杂性，人类迄今还无法准确知道美感在大脑的哪个位置生发，但根据心理学研究，人与生俱来的美感，如果在适当的阶段没有得到适当刺激和培养，就会逐渐消退。例如对五音的感知，儿童在 5 岁以前没有听到过的乐音，他终身都很难准确地发这个音，“五音不全”的人可能就是在乐音发展的关键期由于条件缺失所致。对色彩的感觉也是这样。

美的经验是直接的、非自觉性的。儿童降生到特定的某个家庭，并不抱有明确的审美目的，而是不自觉地受到这个家庭对美的反应的启迪。如果这个家庭是忽视美感的，那么整个家庭很难提供给儿童美的感受和美的经历。因此家庭对美的反应，尤其在儿童早期，审美培育至关重要。

家庭的生活世界充满了各种经验，包括美的经验。家庭具有了美的眼光和敏感，儿童才能得到审美的启迪，在实际的生活中儿童对美的经历和体验，对儿童一生的审美发展具有奠基性的影响和促进。家庭对美的反应，奠定和塑造儿童一生对美的反应。

（二）用美感培育美感

审美情感即美感，是审美心理的一种形式，在审美中居于中心地位。从审美角度去评价一个人的情感方式，就是美感评价，在汉语言中，情感的审美评价，词汇非常丰富，如温文尔雅、中和、含蓄、哀而不怨，温文尔雅就是一种美感评价。

中国文化将情感、情绪、情操、情趣等，统称为“情”。古代文学评论家刘勰认为，美感既受到对象的制约，也受知和意的制约；亚里士多德认为美感由习惯和艺术熏陶养成，并可影响他人；弗洛伊德认为人受到压抑的、无意识的本能冲动如果从对象中得到宣泄，获得象征性的满足，便产生审美的快乐；格式塔心理学认为事物的物理“力”与“场”同主体心理的“力”与“场”在形式结构上有同形同构的关系，便唤起肯定的美感[①]。

荣格曾说：威胁我们的巨大灾难，并不是那种低级的物理或物理事

① 金炳华．哲学大辞典：修订本．上海：上海辞书出版社，2001：1286.

件，而是心理的事件……对于现代社会来说，威胁它的不再是野兽、巨石和洪水，而是某种心理上的暴力。心理生活是存在于世界上的一种能量，它超过了地球上其他的一切能量。个人所具有的破坏力，往往与他的生命的扩展中受到的压力成正比。

美感是和谐之感，和谐为人情美之首。一个家庭，成员之间的情感质量，表达情感的方式，是人情之美的指标。家庭成员为了什么而情动于衷，为了什么而愉快，为了什么而悲伤，为了什么而生气，为了什么激动……都是家庭美感的重要指标。儿童耳濡目染，审美情感方式的获得必然发生于其中。在现代日益增大的生存压力之下，家庭如何培育人情之美，是家庭美育的一个课题。

美感与行为品性在家庭生活中是一体的。比如家庭餐桌上的进餐礼节，要求吃有吃相，坐有坐相。如果狼吞虎咽，旁若无人，大呼小叫，不仅仅是行为不雅，也是缺乏谦让、缺乏尊重人的品性。衣着整洁、雅致、体面，不仅仅是自己的审美水平，更重要的是对他人的尊重。如果一个女性蓬头垢面，大大咧咧，说话不讲场合，不仅不美，更是公共道德范畴的问题了。

审美是非理性的，美感不是通过理性方式去培育，不是“以理服人”，而是用美感去唤起美的体验、美的感受、美的领悟，这是家庭美育的主要方式。例如给孩子讲《海的女儿》，小公主为了心爱的王子，自己最后化为了美丽的泡沫……母亲不用讲道理，只须读出大海的美丽、蓝得如矢车菊花瓣一样的海水，海水深处神秘美丽的宫殿，小公主的美丽、无邪，唤起儿童最好的美感，滋养着儿童的精神成长。

现行中小学课本里，美文的比例一直在增加，有意在进行审美培育。如果家长只是把这些美文作为考试必须要弄懂的文字材料，那就丢掉了宝贵的美育成分。诗教、乐教是古代重要的美育，中国古代诗歌的意境“雄浑、沉着、豪放、劲健、悲慨、冲淡、纤侬、绮丽、清奇、高古、典雅、疏野、超诣、飘逸、旷达”是美的启迪，这些极富神韵的意境，既是崇高的，也是优美的，用美学理论讲，就是“崇高”和“优美”两大艺术审美范畴的兼得。

蔡元培认为，大凡懂了美学的理论，并得了美术的陶养的人，可以养成一种高尚活泼的人生观。他认为，艺术是感情的具体表现。人的生活中，感情的生活居多，情有不舒，则意自不快。但美术，无论是创作它还是赏玩它，都是可以表达真正的感情的。伯牙抚琴，可以通志；季札观乐，可以知风。这是音乐美术的创作者的感情表现，同时也使欣赏者得到极大的美感，得到酣畅淋漓的审美享受。

（三）培育超功利的精神世界

有学者指出，理想中的美是平衡的，经验中的美却是双重的。家庭生存于现实，有大量的现实问题需要面对和处理，但并不等于家庭世界就只能是现实的，因为人类最本质的属性是超越现实的。家庭需要的不仅仅是追求现实利益的家庭情境，还需要超越功利的精神家园。这与家庭的美育互为因果，家庭要培育丰富的精神生活，需要审美培育，而儿童的审美发展需要家庭超越功利的精神生活方式。

例如有的人认为学习艺术应该就是美育，这个观点有一半是正确的，也就是说，学习艺术还不完全等于就是美育，因为有的艺术特长的学习是出于功利性目的，因此主要不是审美，审美的本质属性是非功利的，超越的。实际上美育很重要的一个目的就是引领儿童认同审美的非功利性。

近年来越来越多的家庭很重视对儿童的艺术培育，琴、棋、书、画、诗词、舞蹈等，家长在经济上、时间精力上都不吝惜大量投入。可是他们内在的追求却是中考、高考的加分，以升学、谋生等实际的功利为目的，严格说培育的不是美感，而是谋生技能。虽然获得谋生技能是儿童社会化的必需条件，但仅仅局限于谋生，缺乏超越于物的精神提升，就并非美育。

有学者指出，美育所要完成的首先是作为人类一员的尊严，是人之为人的全面性和自由特征[①]。超越是精神培育的本质，没有对现实的超越，价值教育只能趋向消亡。美感之所以能够使人超凡脱俗，是因为美感与智慧一样，是一种精神力量，是超越于物质的精神需求，培育美感就是培育精神世界，是对儿童的心灵塑造。在当代物质主义思潮盛行的现实中，家庭教育还需不需要超越功利的精神之美呢？答案是肯定的，因为这是人类永恒的需要。按照一般规律，跟随物质时代的，是后物质时代的到来。当这个时代厌倦了物质的繁华、物质的庸俗、利欲的自私的时候，人们就会重新去追寻属于自己的精神家园。

审美不仅是超越的，也是自由的，家庭教育应该提供给孩子“自由自

① 檀传宝．美育和德育关系的理论界定（下）．中小学管理，1999（11）：12-14.

在的心灵空间”的条件。这种自由自在的内心，并不是让儿童为所欲为，而是培养审美的内在状态，换句话说，自由自在的心灵状态是审美的必需条件，如果没有这种状态也就意味着无审美可言，这对家庭审美培育的要求很高。

有学者指出，审美在本质上与普遍模式化不相容。审美期待个性，审美的自由状态生成个性，没有自由、没有个性也就没有审美。童话是超越功利的，自由自在的空灵之美，山水是一种牧歌田园诗歌，意境舒缓而优美，古典音乐以抒情性的手法展示悠长、舒缓、恬静的人生，自由自在的心灵空间，使儿童不自觉地进入自由联想的凝思状态，是领略美的条件。人类生活的内在价值，除了基本生存的需要，还有一些基本的内容是必需的：自由、快乐、尊严、情爱、创造、自我超越等，从家庭生活品位来说，借助审美意蕴，才能创设优雅、舒缓的书香氛围，实现有尊严而优美的生活，这是值得家庭去营造的美育。

（四）重视艺术教育

美育不等于艺术教育，但艺术是美育的重要途径，审美的启动基于形式，艺术享受就是人性所具有的属性因艺术形式及内涵而产生的契合感，如节奏、色彩、音韵、形状等。现代家庭的艺术教育基本沿袭了“琴棋书画诗花”的格局，也就是音乐、书画、棋类、诗词、园林花卉等方面的鉴赏和技艺培养。习舞在先秦时期是很重要的美育，之后逐渐淡出主流文化，让位于琴棋书画诗的雅，在现代则复又成为家庭美育的内容。

音乐学习主要培育儿童听觉的审美，对音韵、节奏的审美感觉。音乐与对儿童大脑高级功能的发展具有积极的促进作用。据研究，特定的音乐背景可以促进出生仅 3 个月的婴儿提取信息的活动，也有研究表明，钢琴演奏训练有助于小学生分数、百分比运算以及空间、时间推理能力的提高。此外，音乐训练可促进小学生的阅读理解，其机理之一在于音调识别能力与语音识别能力具有密切关系。

音乐是美在韵律的体现。在亚里士多德的古希腊时代，把音乐视为严肃高尚的享受，亚里士多德把音乐的力量从娱乐提升到德性的陶冶，把音乐的美与行为的善整合。在中国古代，“乐”与“礼”并为礼乐，作为国家的重要制度，承担着教化天下的功能。代表主流社会、上层社会的是“雅乐”，“雅乐”主要供周天子及其下属的贵族使用，其体制与仪式有严格的规定，绝对不能僭越。

西周时的家庭教育非常重视美育。《礼记·内则》规定："六年，教之数与方名。七年，男女不同席，不共食。八年，出入门户及即席饮食，必后长者，始教之让。九年，教之数日。十年，出就外傅，居宿于外，学书记，……朝夕学幼仪……十有三年，学乐育诗，舞勺，成童，舞象，学射御。""二十而冠，始学礼，……舞《大夏》……"①大意是贵族子弟接受教育有严格的次序，六岁教孩子计数与空间方位等基本知识，七岁男孩女孩不同席而坐，不同器而食，八岁学习敬老尊贤的基本礼仪规范，九岁学习朔望六甲等天文知识（"六甲"是古代以天干地支计算时日的方法，与祭祀的一般常识有关，作为礼乐教育的初始阶段）。十三岁开始学习琴瑟，诵习诗文，学习文舞，十五岁以后再学习武舞。二十岁行加冠礼，表示成人，并开始学习《大夏》等六舞。《大夏》是禹乐，一种大型文舞，学习的时候要求六舞皆习②。

《礼记·乐记》在论述道德与诗、乐的关系指出，"德者，性之端也；乐者，德之华也；金石丝竹，乐之器也。诗，言其志也；歌，咏其声也；舞，动其容也；三者本于心，然后乐气从之。是故情深而文明，气盛而化神，和顺积中，而英华外发；唯乐不可以为伪。"③大意是乐是德性的外在表现，诗是表达人之情志，歌唱抒发心声，舞则是表达情感的身姿仪容；情深而文明，气盛而化神，和顺积于胸而华美呈现于外，这种审美理想境界，只有"乐"可以达到。

据《汉书·食货志》等典籍记载，贵族子弟"十五入大学，学先圣礼乐，而知朝廷君臣之礼。"也就是说，国子们在"小学"学完一般的知识与礼乐后，就要进入太学学习周代正式的礼仪与音乐了。这种所谓"大学"，其宗教与美育配合的成分十分浓厚。它的教官是"掌成均之法"的大司乐，乐教加入了中和祗庸孝友等伦理观念，突出了美育蕴含的内涵。乐舞的最终目的是礼乐之用，也是育才之用④。

---

① 潜苗金. 礼记译注. 杭州：浙江古籍出版社，2007：357–358.

② 同① 358–359.

③ 同① 468.

④ 袁济喜. 从"六艺之教"看周代的审美教育. 中国人民大学学报，1999（2）：84–89.

三、家庭美育的现代冲突及思考

（一）家庭审美是奢望的吗

有人认为，在这个物欲膨胀、处处充斥着可计算性的“现实至上”时代，在“美”停留于感官、交换于商场的背景下，超越的、无利害追求的审美是奢望的吗？美是人类文明的基石，美是一种崇高，美是建立人类文明的力量源泉，是人类本质上的需要，这种需要和力量推动着人类不断地追求着美。众多的学者从不同的角度说过，人类在满足了最基本的需求之后，就开始不断地攀登创造美的高峰。

12 世纪的欧洲是贫苦的，人们大都吃着粗劣的食物，住在低矮的房子里，但是他们却建造出精美华丽的教堂，高大的厅屋，高插云霄的尖塔，每一块石头都精妙无比；中国古代的物质文明远远比当今时代贫乏，然而我们的祖先创造的美，直到今天也越来越让现代世界惊叹！这是因为人类把美的价值置于极高的地位，是美的力量推动着审美需要的实现，因此，审美需要非但不是奢望，而是根植于人类生命本质的一种必需。

（二）什么知识最有价值

什么知识最重要、什么知识最有价值？这与审美培育息息相关，涉及审美在教育的价值评价中居于何种地位这样一个古老的问题，英国哲学家斯宾塞（Herbert Spencer）在 19 世纪就提出这个问题。在斯宾塞看来，“什么知识最有价值，一致的答案就是科学。这是从所有各方面得来的结论。为了直接保全自己或是维护生命和健康，最重要的知识是科学。为了那个叫做谋生的技能保全自己，有最大价值的知识是科学。为了正当地完成父母的职责，正确指导的是科学，为了解释过去和现在的国家生活，使每个公民能合理地调节自己的行为，不可缺少的钥匙是科学。同样，为了各种艺术的完美创作和最高欣赏所需要的准备也是科学，而为了智慧、道德、宗教训练的目的，最有效的学习还是科学。”[①] 斯宾塞对人类现有知识做了归类排列，审美教育的需要排在末尾。

一个家庭对儿童未来的谋划，首先是需要获得谋生技能，因此该类教

---

① 斯宾塞 . 斯宾塞教育论著选 . 胡毅，王承绪，译 . 北京：人民教育出版社，2005.

育是每一个家庭的首选，家庭投资教育，目的是增加未来生存的选择机会。最有价值的知识可以扩大个人选择，降低人生的风险和不确定性，因此现代学校教育重点在谋生技能方面的知识、技能，在家庭的预测中，也成为重要的生存手段，这与儿童社会化理论高度吻合。但是智育、德育、美育、各类知识之间并非是对立、非此即彼的关系，只是需要层次和知识类型的问题。

人本主义心理学家马斯洛认为，人类价值体系存在两类不同的需要，一类是沿生物谱系上升方向逐渐变弱的本能或冲动，称为低级需要和生理需要；一类是随生物进化而逐渐显现的潜能或需要，称为高级需要。创造美和欣赏美的需要源于人的内在冲动，审美活动因而成为自我实现的需要满足的必要途径。审美对完美人格的塑造具有极其重要的意义；审美与真、善紧密关联，完美人格集真善美为一体。

这里借用席勒的话，说明审美需要这个问题已经无可争辩，动物界尚且如此，何况万物之灵、拥有高等智慧的人类，何况物质文明最丰盛的现代。席勒说："大自然对于无理性的生物所供给的也超过它们生活的绝对需要，在动物的幽暗的生活里已投下一星星自由的微光。狮子到了不为饥饿所迫，无须和其他野兽搏斗的时候，它的闲着不用的力量就替自己开辟了一个对象，它使雄壮的吼声响彻原野，而它的旺盛的精力在无目的的耗费中得到享受。

"在令人恐惧的自然力量世界之中……审美建立起一个第三种快乐的世界，在这第三种世界里，它使人类摆脱关系网的一切束缚，把人从一切可以叫做强迫的东西（无论是物质的还是精神的强迫）中解放出来。"[①] 这就是审美的世界。也就是德国哲学家叔本华（Arthur Schopenhauer）说过的，生命的质量借助艺术和美才能得以提升，才能达到生命的最高境界。"活着"与"怎样活着"，在审美的视角里具有完全不同的意义。

---

① 北京大学哲学系美学教研室．西方美学家论美和美感．北京：商务印书馆，1982：183.

跋

一、结论

家庭教育原理是相对于学校教育原理、社会教育原理而言的。人类家庭教育的运行历史证明，家庭教育的基本形态是与家庭生存并未分化、合为一体的形态，从本质上讲，家庭教育是人类在家庭生活中进行的与生命传递同步的人类生存方式的传递。

家庭作为人类生存的最基本社会组织形式，基于生物－文化的协进化机制、基因进化效益最优化原理，人类大脑神经发育的生物特性以及早期经验对人一生具有根深蒂固的影响和作用，家庭教育具备了生物的、初始的、秩序的、关系的、情感的、生活的、利他的、叙事的、礼俗的原理，儿童的社会化学习必然发生于其中。也因为家庭教育的这些原理，决定了家庭教育功能的不可替代性。

“教”的最原本含义是“施”与“效”，即示范与效仿；“育”的最原本含义是“养子使作善也”。教育的最早含义就是人类生存方式的示范与效仿，这种示范与效仿是在社会文化、家庭关系中生成的。所以，家庭教育主要方式是“上所施”与“下所效”，即示范与效仿。

家庭教育基于进化机制的深层属性，在漫长的历史过程中基本独立于它周围变动着的社会、政治，主要凭借“施”与“效”的教育机制，保持着最初始的、原本的运行方式。这对我们如何认识、如何优化家庭教育具有高借鉴价值：它既可以解释现今学校教育局限的缘由，又证明了教育的核心机制在于生物的、初始的和生活的。我们成人的家庭生活所示范的日常生存是怎样的，作用于儿童个体学习的影响就是怎样的。家庭亲代生存方式（物质、价值、心理层次）的整体“示范”，是家庭教育的核心所在。

家庭教育原理具有牢固的进化基础，家庭教育成为人类社会最为稳定、耐久的教育形态，从这个意义上讲，学校只是在最近几千年随社会分工的要求，从家庭分化出来的一种教育形态。与家庭教育原理的育人功能相比较，学校教育原理所拥有的育人功能，也是家庭不具备的。因此应该建立家庭教育与学校教育的互补，还原教育本来的完整。

二、未来的可能性

在 18 世纪的英格兰人的眼里，牛顿是发现了自然所说的语言、是受过自然“律条”指点的无与伦比的“新的摩西”。牛顿的墓志铭表述了人类世界对他的评价和怀念：“自然和自然的法则在黑夜中隐藏 / 上帝说，让牛顿去吧！/ 于是一切都已照亮。”然而仅仅 150 年间，科学已经从鼓舞西方文化的源泉降为一种威胁，它不仅威胁人类的物质存在，而且还威胁着深深扎根于我们文化的传统和经验①。

因为牛顿的大脑，火箭可以精确地按照计算好的轨道进入太空到达目的地，这令人类既振奋又感到忧虑，因为人类的活动如果可以这样通过计算来预测，其后果细思极恐，世界如此的必然性，是令人不安和沮丧的。

所以之后“量子理论使偶然性卷土重来。”②偶然性即不可预测性，普里戈金在回答偶然性在分叉点或接近分叉点时起作用时说：“我们当然不可能确定下一次分叉将会在何时发生。”所以偶然性像凤凰一样再次飞起

① 普里戈金，斯唐热．从混沌到有序．曾庆宏，沈小峰，译．上海：上海译文出版社，2005：29，33.

② 哈肯．协同学：大自然构成的奥秘．凌复华，译．上海：上海译文出版社，2005：88.

来[1]，于是人类又一次遇到永远在向人们挑战的偶然性与必然性的问题，这需要人类具备一种超凡的智慧才能应对。那么，家庭、家庭教育的未来也许也是不可预测的？人类赖以生存的家庭、家庭生活、家庭教育，未来的可能性也更加不可预测了？

后现代主义泛文化思潮出现于20世纪60年代的西方，它涉及哲学、文学、语言、艺术、历史、政治、教育、伦理诸多领域。后现代的主要观念，不再主张基础主义、本质主义的哲学，它主张不讲本质、不讲基础、不讲主客二分、不讲结构，没有核心、没有深刻、没有崇拜、没有样板、没有标准，它主张多元文化。

在中国，经过几十年经济体制改革，社会关系被嵌入了市场经济体系，这一格局在社会表层表现为教育、科学、文化、宗教甚至法律的运作，在某种程度上经济化、商业化了[2]。后现代思潮的价值观使人们感到失序的迷茫：无权威的、无价值的、无标准的、不确定的、没有深刻、没有历史……如果这样，文化主流价值还剩下什么？教育还剩下什么？家庭教育还剩下什么？

文化被广泛地纳入商品生产范畴，消费文化的出现，消解了精英文化与大众文化的界限，精神文化的生产已从高尚的地位、高雅的格调降为普通的商品生产。无主体性、无权威性、无历史性、无深度感的文化成为时代文化的常见形式。宣扬不确定性、易逝性、碎片性、零散化，易形成无理想、无正义、无道德、无责任、享乐当时、游戏人生的态度[3]。后现代先驱的社会个体发展观曾宣称“只要我愿意，没什么不可以！”这一样板，最后演绎成为“只要我愿意，你就不可以！”的必然。然而这是社会秩序“不可能”的必然，因此在社会秩序建构领域，是死路一条的必然。

之后英国经济学家哈耶克（Friedrich AugustHayek）提出了“扩展秩序”的概念，来表述人类的精神进化，哈耶克的人类精神进化前景是一种“规则优先”的普遍主义，这种大社会的“规则整合”，构成公民社会现代性的基本特征：诚信、自律、契约、公正、交换、竞争、互尊等。这种主张得到不少的响应和支持，哈贝马斯就将普遍主义的规则伦理归为一种进

---

① 普里戈金，斯唐热．从混沌到有序．曾庆宏，沈小峰，译．上海：上海译文出版社，2005：19.

② 韦森．站在中国改革开放三十年的十字路口．读书，2008（11）：13-16.

③ 赵光武．后现代主义哲学述评．北京：西苑出版社，2000：4.

步，他认为发展现代的普遍主义，对人类具有解放的意义①。

此外也有学者认为，斯多葛主义主张的安宁、德性、责任、宿命，是一种积极的人生哲学，它所寻求的安宁，是在去除了气愤、悲伤、焦虑、恐惧等消极情感后，获得的一种积极状态；它所倡导的德性，也并非要严格恪守社会的规则，而是要把自身所能做的事情做到最好。正是因为我们生来是一定要做事情的，因此我们便天生有责任，这种责任让我们去爱他人，去爱整个人类②。这样说来，在普遍主义的参照之下，对于家庭教育，乐观抑或悲观的价值就不明显，人类的生活世界是怎样的，家庭教育的结构原理、影响作用就无特别的变化。

自然界本身就是和谐简单的，只是人类自己把它弄复杂了。“天不变，道亦不变”是一则哲学古训，就家庭的教育原理而言，它很准确。家庭教育关系本身就是血缘为主的关系，我们回过头去看人类作为生物物种的进化历史，近 3 万年来人类大脑并没有多大改变，家庭也已经存在上百万年，这让人们鼓舞与敬畏，鼓舞的是生物性的伟大，敬畏的也是生物性的伟大。

家庭对于儿童的个体发展，其原理正是基于生物性的，对于家庭教育未来的可能性，我认为只要家庭还是人类赖以繁衍生息的最佳社会单位，只要人类还需要文明作为社会生存的法则，那么儿童的社会化过程就必然发生于其中，家庭的教育就一切如常。就如一则古语所说的那样，“日光之下无新事”。

而学校教育则是上百万年家庭教育的一种次生形态，是社会发展到近几千年的时候，由于社会分工需要出现的，最终的效益仍然体现于对个人、个人所在的生存资源的争夺。按照斯宾塞的观点，寻求生存资源是社会进化的动力，所以学校教育对于家庭教育来说，本质上仍然是生态意义上的基因进化条件。

在现代，家庭的教育功能分化了，有了分化就一定会需要互补；传统与潮流冲突了，有了冲突就一定会需要平衡。有学者认为，世界和宇宙的规律不是递进式的，而是“钟摆式”的，我比较赞成这个说法对人类社会生活的解释，始终摆出去又摆回来，就如世界上所有的航班、车次

---

① 高力克．哈耶克的道德进化论与中国当代道德转型问题．学术月刊，2004（8）：40-47.

② 王威廉．做一个现代的斯多葛主义者．豆瓣读书，2013-06-13.

的路线都是“去”与“回”的，最终实现了什么呢？实现的是人类生存所呈现的日常生活，是人类生命的状态，所以爱因斯坦说这是一个“奇怪的世界”①。

日常生活世界是未分化的领域，缺乏精神自觉，行为以重复为基本特征，支配行为的是被人们世代自发继承下来的传统习惯、常识、经验、天然情感，这些自在的文化因素通过家庭、教育、社会示范等途径，渗透到一代又一代日常生活之中，漫长的长达百万年的原始文明，本质上都是日常世界的②。日后的政治、经济、艺术、哲学都是从这一原始状态中分化出来的，成为人类社会的次生形态，而日常生活世界依然占据主导地位。

记得前些年一个京城的记者到黄土高原采访未成年人辍学问题，他在山坡上问一个应该上学的放羊娃：“你放羊做什么呢？”“挣钱。”“挣钱做什么呢？”“以后娶媳妇。”“娶媳妇做什么呢？”“生娃。”“生娃做什么呢？”“放羊。”记者感叹这是多么触目惊心的愚昧。可是我们也可做一个同样的推理，采访假设的大城市读书最好的儿童：“你读书做什么呢？”“上大学。”“上大学做什么呢？”“有好工作。”“有好工作做什么呢？”“挣钱。”“挣钱做什么呢？”“娶妻。”“娶妻做什么呢？”“成家、生孩子。”“孩子长大做什么呢？”“读书”……本质上有区别吗？没有的。这位记者认为“愚昧与不愚昧”的区别很重要，其实家庭是生命延续的社会初级单位，无论精英与否，周全程序、尽心其中，才是最本质的所在，哪怕卑微如尘土的生命。

即使现代工业文明对日常生活世界的冲击，对人类依赖的自然环境有相当的破坏，人的异化与失落、家庭权威消解、教育功能弱化、家庭秩序失去传统的平衡……然而愈是如此，家庭教育的研究领域，其旨其道，概括起来似乎愈是趋向简单：家庭教育依旧是人类在家庭生活中，一代一代与生命同步地传递着生存方式这样一回事情。虽然在这个领域的无数事实面前，的确有深奥的门道需要探究，然而要想把门道讲清楚，探究者能够做的又只能是路漫漫而上下求索。

---

① 爱因斯坦写给挚友贝索的悼词：“他又比我先行一步，离开了这个奇怪的世界。但这并不意味着什么。对于我们笃信物理学的人来说，过去、现在和未来之间的区别只不过是一种幻觉而已……”

② 衣俊卿．论人的日常生活世界的历史演化：人类社会进化的微观机制．江海学刊，1995（3）：109-115.

想起我在贫瘠山村当知青的时候，下雨天与一位母亲一起在火炉旁剥豆子，幼子在她的围裙里掏出一个豆荚，费劲剥出一粒豆子，就要递至母亲眼前，母亲夸奖了，他才又开始用小手掏出豆荚，剥不了的，还需要母亲帮着剥开，如此三番五次。年轻的母亲脸庞洋溢着只有做母亲才有的幸福和美丽，忽闪着又大又亮的眼睛笑着对我说："我自己剥要快得多呢！"而依旧一次次耐心夸奖着孩子的幼稚和笨拙……几十年过去了，可那一幕总会让我的心瞬间变得无比柔软，感念着人世间最温暖的传递。

我明白整个人类的家庭就是这样传递着生存、生存的方式，简单得不能再简单却直达千百万年。与人的生存本质联系着的也许是最可能预测的。正如鸟巢，那是比我们人类低等得多的生灵，衔草筑起的比人类房子简陋得多的小窝，却成为人类盛大庆典的辉煌殿堂，因为最简单的这个家的符号：鸟巢，才能够贮满人世间多少生命的孕育和传递、多少爱的归属、热情的祈盼和多少可以期望的未来！

参考文献

[1] 艾达罗娃 . 小学生家庭教育 . 汪昌仁，译 . 北京：教育科学出版社，2004.

[2] 巴雷特 . 非理性的人：存在主义哲学研究 . 杨照明，艾平，译 . 北京：商务印书馆，1995.

[3] 柏格森 . 创造进化论 . 王珍丽，余习广，译 . 长沙：湖南人民出版社，1989.

[4] 柏格森 . 形而上学导言 . 刘放桐，译 . 北京：商务印书馆，1963.

[5] 鲍曼 . 个体化社会 . 范祥涛，译 . 上海：上海三联书店，2002.

[6] 鲍曼 . 后现代伦理学 . 张成岗，译 . 南京：江苏人民出版社，2003.

[7] 北京大学哲学系美学教研室 . 西方美学家论美和美感 . 北京：商务印书馆，1982.

[8] 本尼迪克特 . 菊与刀 . 唐晓鹏，王南，译 . 北京：华文出版社，2005.

[9] 本尼迪克特 . 文化模式 . 王炜，等译 . 北京：生活 · 读书 · 新知三联书店，1988.

[10] 波普诺 . 社会学：第十版 . 李强，等译 . 北京：中国人民大学出版社，1999.

[11] 伯格 . 通俗文化、媒介和日常生活中的叙事 . 姚媛，译 . 南京：南京大学出版社，2000.

[12] 布莱克莱吉 . 当代教育社会学流派 . 王波，译 . 北京：春秋出版社，1990.

[13] 陈会昌 . 道德发展心理学 . 合肥：安徽教育出版社，2004.

[14] 陈学明 . 二十世纪哲学经典文本：西方马克思主义卷 . 上海：复旦大学出版社，

1999.
[15] 陈云恺 . 人性教育：全球化时代的教育使命：兼论《学会生存》中的一个重要思想 . 南通大学学报（教育科学版），2005，21（3）：23–27.
[16] 崔文良 . 审美人生论 . 北京：中国人民大学出版社，2002.
[17] 邓佐君 . 家庭教育学 . 福州：福建教育出版社，1995.
[18] 范梅南 . 教学机智：教育智慧的意蕴 . 李树英，译 . 北京：教育科学出版社，2001.
[19] 方朝晖 . 重建价值主体：卡尔・雅斯贝斯对近现代西方自由观的扬弃 . 北京：中央广播电视大学出版社，1993.
[20] 方建移，何伟强 . 家庭教育与儿童社会性发展 . 杭州：浙江教育出版社，2005.
[21] 弗洛姆 . 健全的社会 . 孙恺祥，译 . 贵阳：贵州人民出版社，1994.
[22] 弗洛伊德 . 图腾与禁忌 . 杨庸一，译 . 北京：中国民间文艺出版社，1986.
[23] 高申春 . 人性辉煌之路 . 武汉：湖北教育出版社，2001.
[24] 顾明远 . 中国教育的文化基础 . 太原：山西教育出版社，2003.
[25] 关颖 . 社会学视野中的家庭教育 . 天津：天津社会科学院出版社，2000.
[26] 郭景萍 . 孔德：社会秩序视野中的情感研究 . 湖南师范大学社会科学学报，2007（1）：75–78.
[27] 郭菁 . 文化进化的 meme 理论及其难题 . 哲学动态，2005（1）：54–56.
[28] 哈贝马斯 . 交往与社会进化 . 张博树，译 . 重庆：重庆出版社，1989.
[29] 哈肯 . 协同学：大自然构成的奥秘 . 凌复华，译 . 上海：上海译文出版社，2005.
[30] 海存福 . 家庭德育及其功能研究 . 甘肃高师学报，1999（1）：83–87.
[31] 海德格尔 . 存在与时间 . 陈嘉映，译 . 北京：生活・读书・新知三联书店，1987.
[32] 海德格尔 . 林中路 . 孙周兴，译 . 上海：上海译文出版社，1997.
[33] 何怀宏 . 伦理学是什么 . 北京：北京大学出版社，2002.
[34] 贺金瑞 . 全球化与交往实践 . 北京：中央广播电视出版社，2002.
[35] 赫勒 . 日常生活 . 衣俊卿，译 . 重庆：重庆出版社，1990.
[36] 赫特尔 . 变动中的家庭：跨文化的透视 . 宋践，李茹，等，编译 . 杭州：浙江人民出版社，1988.
[37] 黑格尔 . 精神现象学 . 贺麟，王玖兴，译 . 北京：商务印书馆，1979.
[38] 洪帆 . 利他主义：从社会生物学到社会科学 . 医学与哲学，2005（6）：5–8.
[39] 胡塞尔 . 欧洲科学危机和超验现象学 . 张庆熊，译 . 上海：上海译文出版社，1988.

[40] 黄甫全，王本陆 . 现代教学论学程 . 北京：教育科学出版社，1998.
[41] 黄济，王策三 . 现代教育论 . 北京：人民教育出版社，1996.
[42] 黄济 . 教育哲学通论 . 太原：山西教育出版社，1998.
[43] 黄希庭 . 人格心理学 . 杭州：浙江教育出版社，2002.
[44] 黄希庭 . 心理学导论 . 北京：人民教育出版社，1991.
[45] 金生鈜 . 理解与教育：走向哲学解释学的教育哲学导论 . 北京：教育科学出版社，1997.
[46] 靳玉乐，李森 . 现代教育学 . 成都：四川教育出版社，2005.
[47] 黎靖德 . 朱子语类：卷七 . 北京：中华书局，1986.
[48] 李超杰 . 理解生命：狄尔泰哲学引论 . 北京：中央编译出版社，1994.
[49] 李文阁 . 回归现实生活世界 . 北京：中国社会科学出版社，2002.
[50] 李泽厚 . 论语今读 . 合肥：安徽文艺出版社，1998.
[51] 刘放桐 . 新编现代西方哲学 . 北京：人民出版社，2000.
[52] 刘鹤玲，蒋湘岳，刘奇 . 广义适合度与亲缘选择学说：亲缘利他行为及其进化机制 . 科学技术与辩证法，2007（5）：26–29.
[53] 刘济良 . 生命教育论 . 北京：中国社会科学出版社，2004.
[54] 刘敏 . 技术与人性：弗洛姆技术人道化思想研究 . 自然辩证法通讯，2005（5）：18–23.
[55] 刘文，杨丽珠 . 社会抑制性与父母教养方式对幼儿利他行为的影响 . 心理发展与教育，2004（1）：6–11.
[56] 刘小枫 . 诗化哲学 . 济南：山东文艺出版社，1986.
[57] 卢梭 . 爱弥儿：论教育：上卷 . 李平沤，译 . 北京：商务印书馆，1978.
[58] 鲁洁 . 超越与创新 . 北京：人民教育出版社，2000.
[59] 鲁洁 . 德育社会学 . 福州：福建教育出版社，1998.
[60] 鲁洁 . 教育社会学 . 北京：人民教育出版社，1990.
[61] 鲁洁 . 生活 · 道德 · 道德教育 . 教育研究，2006（10）：3–7.
[62] 陆世仪 . 思辨录辑要：卷一 . 北京：中华书局，1985.
[63] 罗伯逊 . 社会学：上册 . 黄育馥，译 . 北京：商务印书馆，1990.
[64] 罗伯逊 . 社会学：下册 . 黄育馥，译 . 北京：商务印书馆，1991.
[65] 罗石 . 用经济学的方法解读道德终极标准 . 学术交流，2005（2）：15–20.
[66] 马国翰 . 玉函山房辑佚书 . 上海：上海古籍出版社，1988.
[67] 马和民，高旭平 . 教育社会学研究 . 上海：上海教育出版社，1998.

[68] 马卡连柯 . 马卡连柯全集：第 4 卷 . 北京：人民出版社，1995.
[69] 马镛 . 中国家庭教育史 . 长沙：湖南教育出版社，1997.
[70] 罗洛・梅 . 爱与意志 . 冯川，译 . 北京：国际文化出版公司，1987.
[71] 蒙台梭利 . 蒙台梭利早期教育法 . 祝东平，译 . 北京：中国发展出版社，2006.
[72] 蒙台梭利 . 童年的秘密 . 金晶，译 . 北京：中国发展出版社，2006.
[73] 孟昭兰 . 情绪心理学 . 北京：北京大学出版社，2005.
[74] 苗力田 . 古希腊哲学 . 北京：中国人民大学出版社，1989.
[75] 墨森，康杰 . 儿童发展和个性 . 缪小春，刘金花，译 . 上海：上海教育出版社，1990：437.
[76] 培根 . 论习惯 // 教育名言大全 . 北京：北京科学技术出版社，1987.
[77] 裴娣娜 . 发展性教学论 . 沈阳：辽宁人民出版社，1998.
[78] 彭聃龄 . 普通心理学 . 北京：北京师范大学出版，1988.
[79] 彭茹静 . 利他主义行为的理论发展研究 . 江西社会科学，2003（7）：221–223.
[80] 珀文 . 人格科学 . 黄希庭，校审 . 上海：华东师范大学出版社，2001.
[81] 任继愈 . 道德经 . 上海：上海古籍出版，1986.
[82] 任继愈 . 老子新译 . 上海：上海古籍出版社，1986.
[83] 阮新邦 . 批判诠释与知识重建：哈贝马斯视野下的社会研究 . 北京：社会科学文献出版社，1994.
[84] 阮学勇，卢佳 . 论当代家庭德育的特点 . 西昌师范高等专科学校学报，2003（1）：43–47.
[85] 桑代克 . 人类的学习 . 李月甫，译 . 杭州：浙江教育出版社，1998.
[86] 森武夫 . 犯罪心理学 . 邵道生，译 . 北京：知识出版社，1982.
[87] 山根清道 . 犯罪心理学 . 张增杰，罗大华，李国秀，等，译 . 北京：群众出版社，1984.
[88] 上海师范大学教育系 . 马克思恩格斯论教育 . 北京：人民教育出版社出版，1979.
[89] 尚玉昌 . 行为生态学 . 北京：北京大学出版社，1998.
[90]《社会学概论》编写组 . 社会学概论 . 天津：天津人民出版社，1984.
[91] 舍勒 . 爱的秩序 . 林克，译 . 北京：生活・读书・新知三联书店，1995.
[92] 石鸥 . 教学别论 . 长沙：湖南教育出版社，1998.
[93] 石元康 . 当代西方自由主义理论 . 上海：上海三联书店，2000.
[94] 时蓉华 . 社会心理学 . 上海：上海人民出版社，1986.
[95] 舒尔兹 D，舒尔兹 S. 现代心理学史：第 8 版 . 叶浩生，译 . 南京：江苏教育出版

社，2005.
[96] 苏霍姆林斯基 . 家长教育学 . 林志英，译 . 北京：中国妇女出版社，1982.
[97] 苏霍姆林斯基 . 帕夫雷什中学 . 赵玮，译 . 北京：教育科学出版社，1983.
[98] 孙本文 . 社会学原理 . 北京：商务印书馆，1935.
[99] 孙培青 . 中国教育史 . 上海：华东师范大学出版社，2000.
[100] 孙亦平 . 西方宗教学名著提要 . 南昌：江西人民出版社，2002.
[101] 汤因比 . 历史研究 . 刘北成，译 . 上海：上海人民出版社，2000.
[102] 滕守尧 . 文化的边缘 . 北京：作家出版社，1997.
[103] 童庆炳 . 现代心理美学 . 北京：中国社会科学出版社，1993.
[104] 瓦西留克 . 体验心理学 . 黄明，译 . 北京：中国人民大学出版社，1989.
[105] 王海梅，陈会昌，谷传华 . 关于儿童分享的研究述评 . 心理科学进展，2004，12（1）：52–58.
[106] 王小英，张宇 . 幼儿亲社会行为发展的制约因素与对策 . 学前教育研究，2000（6）：7–9.
[107] 王一川 . 审美体验论 . 天津：百花文艺出版社，1992.
[108] 吴铎，张人杰 . 教育与社会 . 北京：中国科学技术出版社，1991.
[109] 吴奇程，袁元 . 家庭教育学 . 广州：广东高等教育出版社，2002.
[110] 项贤明 . 泛教育论：广义教育学的初步探索 . 太原：山西教育出版社，2000.
[111] 谢维和 . 教育活动的社会学分析：一种教育社会学的研究 . 北京：教育科学出版社，2000.
[112] 休谟 . 人性论 . 关文运，译 . 北京：商务印书馆，2002.
[113] 燕国材 . 中国心理学史 . 杭州：浙江教育出版社，1998.
[114] 杨伯峻 . 论语译注 . 北京：中华书局，1980.
[115] 杨伯峻 . 孟子译注 . 北京：中华书局，1984.
[116] 杨昌勇，郑淮 . 教育社会学 . 广州：广东人民出版社，2005.
[117] 杨岚 . 人类情感论 . 天津：百花文艺出版社，2002.
[118] 杨善华 . 当代西方社会学理论 . 北京：北京大学出版社，1999.
[119] 姚纪纲 . 交往的世界：当代交往理论探索 . 北京：人民出版社，2002.
[120] 衣俊卿 . 回归生活世界，凸显现实关怀 . 中国图书评论，2006，8（8）：51–54.
[121] 游汝杰，邹嘉彦 . 社会语言学教程 . 上海：复旦大学出版社，2004.
[122] 余立智 . 现代家庭组织理论研究的最新进展及其启示 . 财经论丛，2006（2）：8–13.

[123] 张斌贤 . 教育是历史的存在 . 合肥：安徽教育出版社，2007.
[124] 张岱年，方克立 . 中国文化概论 . 北京：北京师范大学出版社，1997.
[125] 张敷荣 . 试论德育实践的逻辑起点 . 华东师范大学学报，1998（2）：35–39.
[126] 张庆熊 . 熊十力的新唯识论与胡塞尔的现象学 . 上海：上海人民出版社，1995.
[127] 张廷国 . 胡塞尔的“生活世界”理论及其意义 . 华中科技大学学报（人文社会科学版），2002（5）：15–19.
[128] 张廷华 . 亲缘选择学说的经济学分析 . 西南民族学院学报（哲学社会科学版），2003（1）：126–128.
[129] 张文霞，朱冬亮 . 家庭社会工作 . 北京：社会科学文献出版社，2005.
[130] 张文新 . 儿童社会性发展 . 北京：北京师范大学出版社，1999.
[131] 张野 . 学前儿童亲社会性的调查研究 . 学前教育研究，2006（5）：9–11.
[132] 张志伟，冯俊 . 西方哲学问题研究 . 北京：中国人民大学出版社，1999.
[133] 赵光武 . 后现代主义哲学述评 . 北京：西苑出版社，2000.
[134] 赵秋野 . 身势语的符号、认知、心理、文化机制 . 外语学刊，2005（2）：30–34.
[135] 赵汀阳 . 论可能生活 . 北京：生活 · 读书 · 新知三联书店，2001.
[136] 赵祥麟，王承绪 . 杜威教育论著选 . 上海：华东师范大学出版社，1981.
[137] 郑杭生 . 社会学概论新修 . 北京：中国人民大学出版社，2002.
[138] 中共中央马克思恩格斯列宁斯大林著作编译局 . 马克思恩格斯全集：第 3 卷 . 北京：人民出版社，2002.
[139] 中国大百科全书总编辑委员会本卷编辑委员会 . 中国大百科全书：社会学 . 北京：中国大百科全书出版社，1991.
[140] 周辅成 . 西方著名伦理学家评传 . 上海：上海人民出版社，1987.
[141] 周晓红 . 现代西方社会心理学流派 . 南京：南京大学出版社，1990.
[142] 周振甫 . 周易译注 . 北京：中华书局，1999.
[143] 朱东润 . 中国古代文学作品选 . 上海：上海古籍出版社，1979.
[144] 朱熹 . 诗集传：卷第一 . 赵长征，点校 . 北京：中华书局，2011.
[145] 朱熹 . 四书集注 . 长沙：岳麓书社，1985.
[146] 邹进 . 现代德国文化教育学 . 太原：山西教育出版社，1992.

后 记

中国的“家文化”在世界独树一帜，“家国同构”“家国一体”，在几千年社会历史进程中，将家庭的生物－文化协进，演绎到世界文化的最佳形态之一。“家国一体”成为中国文化的灵魂、最基本的象征符号。家文化作为中国社会传统生存方式的主要内容，家庭教育是最成功的范畴，中国的家庭教育承载着大部分文化的传递，同时它唤起人们极大的探究热情：理论的以及实践的。

经过多年探究、思考和辨析，我把家庭教育原理提炼为：生物性原理、初始性原理、秩序性原理、关系性原理、生活性原理、情感性原理、利他性原理、叙事性原理、礼俗原理，这九大原理相对于学校教育而言，为家庭所独具。家庭美育专题，用单独章节加以论述。

至此，数十年殚精竭虑的一点收获，我构建的家庭教育原理在理论上得以初步成型，让我稍稍心安，得以欣慰。然而框架初成，论述却欠精。才情所限，还待再竭力。诚望诸同仁不吝赐教，不胜感激之至。

人类赖以生存的家庭及其教育，它对儿童成长的意义、影响儿童的原理和功能，其奥秘令人惚恍："迎之不见其首，随之不见其后。"我将追随着它的玄妙，"持之匪强，来之无穷"，如是，幸甚至哉！

石屏　2019年·秋分·江苏武进